WILLIAM ROBERTO CEREJA

Professor graduado em Português e Linguística e licenciado
em Português pela Universidade de São Paulo (USP)
Mestre em Teoria Literária pela Universidade de São Paulo (USP)
Doutor em Linguística Aplicada e Análise do Discurso
pela Pontifícia Universidade Católica (PUC-SP)
Professor da rede particular de ensino em São Paulo, capital

CAROLINA DIAS VIANNA

Professora graduada e licenciada em Português pela
Universidade Estadual de Campinas (Unicamp-SP)
Mestra em Linguística Aplicada pela Universidade Estadual de Campinas (Unicamp-SP)
Doutora em Linguística Aplicada pela Universidade Estadual de Campinas (Unicamp-SP)
Professora das redes pública e particular de ensino nos Estados de São Paulo e Minas Gerais

PAULA BARACAT DE GRANDE

Professora graduada e licenciada em Letras pela Universidade Estadual de Campinas (Unicamp-SP)
Mestra em Linguística Aplicada pela Universidade Estadual de Campinas (Unicamp-SP)
Doutora em Linguística Aplicada pela Universidade Estadual de Campinas (Unicamp-SP)
Professora da educação básica e do ensino superior nos Estados de São Paulo e Paraná

Todos os Textos

Uma proposta de produção textual a partir de gêneros e projetos

7ª edição

Atual Editora

Presidência: Guilherme Alves Melega
Vice-presidência de educação digital: Camila Montero Vaz Cardoso
Direção editorial: Lidiane Vivaldini Olo
Gerência de conteúdo e design educacional: Julio Cesar Augustus de Paula Santos
Gestão e coordenação de área: Renato Luiz Tresolavy
Edição: Paula Junqueira e Ingrid Favoretto Falcão
Aprendizagem digital: Renata Galdino (ger.),
Beatriz de Almeida Pinto Rodrigues da Costa (coord. Experiência de Aprendizagem),
Carla Isabel Ferreira Reis (coord. Produção Multimídia),
Daniella dos Santos Di Nubila (coord. Produção Digital),
Rogerio Fabio Alves (coord. Publicação)
Planejamento e controle de produção: Flávio Matuguma (ger.),
Juliana Batista (coord.), Renata Caroline de Oliveira Mendes (analista) e Jayne Ruas (analista)
Revisão: Letícia Pieroni (coord.), Aline Cristina Vieira, Anna Clara Razvickas, Carla Bertinato, Carolina Guarilha, Daniela Lima, Danielle Modesto, Diego Carbone, Elane Vicente, Gisele Valente, Helena Settecerze, Kátia S. Lopes Godoi, Lilian M. Kumai, Luana Marques, Luíza Thomaz, Malvina Tomáz, Marília H. Lima, Paula Freire, Paula Rubia Baltazar, Paula Teixeira, Rafael Simeão, Raquel A. Taveira, Ricardo Miyake, Shirley Figueiredo Ayres, Tayra Alfonso, Thaise Rodrigues e Thayane Vieira
Arte: Fernanda Costa da Silva (ger.), Kleber de Messas (líder de projeto) e
Anna Júlia Medeiros Martins (edição de arte)
Diagramação: Arte4 Produção Editorial
Iconografia e tratamento de imagem: Roberta Bento (ger.),
Iron Mantovanello Oliveira, Thaisi Albarracin Lima, Mariana de Souza Valeiro e
Cristina Akisino (pesquisa iconográfica), Fernanda Crevin (tratamento de imagens)
Licenciamento de conteúdos de terceiros: Roberta Bento (ger.),
Jenis Oh (coord.), Liliane Rodrigues, Raísa Maris Reina,
Sueli Ferreira e Cristina Akisino (analistas de licenciamento)
Ilustrações: Biry Sarkis, Filipe Rocha e Jean Galvão
Design: Erik Taketa (coord.) e Gustavo Vanini (proj. gráfico e capa)
Foto de capa: Freepik

Todos os direitos reservados por Somos Sistemas de Ensino S.A.

Avenida Paulista, 901, 6º andar – Bela Vista
São Paulo – SP – CEP 01310-200

http://www.somoseducacao.com.br

Dados Internacionais de Catalogação na Publicação (CIP)

```
Cereja, William Roberto
    Todos os textos 9 : uma proposta de produção textual a
partir de gêneros e projetos : ensino fundamental : anos
finais / William Cereja, Carolina Dias Vianna, Paula Baracat.
-- 7. ed. -- São Paulo : SOMOS Sistemas de Ensino, 2024.

Bibliografia
ISBN 978-65-5945-122-7 (aluno)
ISBN 978-65-5945-126-5 (professor)

1. Língua portuguesa (Ensino Fundamental) 2. Língua portuguesa
- Composição e exercícios (Ensino Fundamental) I. Título II.
Vianna, Carolina Assis Dias III. Grande, Paula Baracat de

23-1476                                          CDD 372.61
```

Angélica Ilacqua – Bibliotecária – CRB-8/7057

2024

CAE: 820950 (aluno)
CAE: 820954 (professor)
ISBN: 978-65-5945-122-7 (aluno)
ISBN: 978-65-5945-126-5 (professor)
7ª edição
1ª impressão
De acordo com a BNCC.

Dados Internacionais de Catalogação na Publicação (CIP)

```
Cereja, William Roberto
    Todos os textos 9 [livro eletrônico] : uma proposta de
produção textual a partir de gêneros e projetos : ensino
fundamental : anos finais / William Cereja, Carolina Dias
Vianna, Paula Baracat. -- 7. ed. -- São Paulo : SOMOS
Sistemas de Ensino, 2024.
    PDF

Bibliografia
ISBN 978-65-5945-140-1 (aluno)
ISBN 978-65-5945-144-9 (professor)

1. Língua portuguesa (Ensino Fundamental) 2. Língua portuguesa
- Composição e exercícios (Ensino Fundamental) I. Título II.
Vianna, Carolina Assis Dias III. Grande, Paula Baracat de

23-1480                                          CDD 372.61
```

Angélica Ilacqua – Bibliotecária – CRB-8/7057

2024

Impressão e acabamento: EGB Editora Gráfica Bernardi Ltda.

plurall

Parabéns!
Agora você faz parte do **Plurall**, a plataforma digital do seu livro didático!
Acesse e conheça todos os recursos e funcionalidades disponíveis para as suas aulas digitais.

Baixe o aplicativo do **Plurall** para Android e IOS ou acesse **www.plurall.net** e cadastre-se utilizando o seu código de acesso exclusivo:

AASJYS2NA

Este é o seu código de acesso Plurall. Cadastre-se e ative-o para ter acesso aos conteúdos relacionados a esta obra.

@plurallnet
@plurallnetoficial

SOMOS EDUCAÇÃO

Apresentação

Caro estudante,

Cada um de nós tem muitos meios para se expressar: o gesto, o olhar, a palavra... Ah, as palavras...

Pontes de comunicação com o mundo e de interação entre as pessoas, as palavras chegam até nós pela fala e pela escrita. Elas vêm de viva voz ou registradas em livros, jornais, revistas. Vêm por telefone, pelo correio, pelas redes sociais, por *e-mail*, pelos aplicativos de mensagens, etc. Vêm a todo momento: em histórias de nosso povo ou de países distantes; em quadrinhos que nos divertem; em poemas que nos fazem pensar e sentir emoções talvez nunca experimentadas; em propagandas, cartões, cartas e notícias.

Assim como vêm, as palavras também vão: nas exposições orais que fazemos, nas histórias que contamos, nas opiniões que damos sobre as coisas simples e complexas que nos cercam. Vão nos textos em que convidamos, informamos, protestamos, reivindicamos...

Este livro traz algumas ferramentas que vão ajudá-lo a lidar com as palavras e os textos — orais, escritos e também aqueles em que linguagens são combinadas — nas mais diferentes situações.

Para se apropriar das palavras, basta que você tenha o desejo de explorar os múltiplos caminhos da linguagem e a disposição para realizar projetos, como varal de poesia e livro de histórias, declamar poemas, fazer pesquisas e entrevistas, apresentar um seminário, participar de debates, entre outros.

Esperamos que, por meio de seus textos, você possa agir e interagir com outras pessoas, argumentar e persuadir, reivindicar e protestar, informar sobre o mundo que o cerca ou relatar suas vivências e sensações particulares, transmitir conhecimentos e narrar histórias, fazer seu interlocutor ler por prazer, imaginar, sonhar, se divertir, se emocionar.

Um abraço,
Os Autores.

SUMÁRIO

UNIDADE 1 — Internet em pauta ... 6

Capítulo 1
O artigo de opinião: construção de argumentos

- O gênero em foco ... 10
  - Agora é a sua vez ... 19

Capítulo 2
O artigo de opinião: ressalvas e contra-argumentação

- O gênero em foco ... 24
  - Agora é a sua vez ... 32
- Para escrever com adequação ... 36
  - A modalização ... 36

Capítulo 3
O editorial

- O gênero em foco ... 40
  - Agora é a sua vez ... 47
- Para escrever com coesão ... 51
  - Continuidade e progressão textual ... 51

OFICINA DE CRIAÇÃO
Projeto » Redes sociais e inteligência artificial em revista ... 54

UNIDADE 2 — Histórias de família ... 56

Capítulo 1
O conto (I)

- O gênero em foco ... 60
  - Agora é a sua vez ... 70
- Para escrever com expressividade ... 73
  - O discurso indireto livre ... 73
- De olho na Agenda 2030 da ONU ... 78
  - Redução das desigualdades ... 78

Capítulo 2
O conto (II)

- O gênero em foco ... 80
  - O tempo narrativo ... 85
    - Época em que se passa a história ... 85
    - Tempo cronológico ... 86
    - Tempo psicológico ... 86
  - O espaço narrativo ... 87
    - Espaço físico ou geográfico ... 87
    - Espaço social (ambiente) ... 87
  - Agora é a sua vez ... 88
- Para escrever com expressividade ... 90
  - A descrição ... 90

Capítulo 3
O conto contemporâneo

- O gênero em foco ... 94
  - Agora é a sua vez ... 100

OFICINA DE CRIAÇÃO
Projeto » De conto em conto ... 102

UNIDADE 3 — O jovem no mundo atual 104

Capítulo 1
O poema: paródia, haicai e videopoema
- O gênero em foco 108
  - Intertextualidade na poesia 108
  - Paródia 113
  - Agora é a sua vez 115
  - Haicai 117
  - Agora é a sua vez 121
  - Videopoema 121
  - Agora é a sua vez 123
- Para escrever com expressividade 124
  - Recursos sonoros e semânticos do poema 124

Capítulo 2
O texto dissertativo-argumentativo
- O gênero em foco 130
  - Agora é a sua vez 138
- Para escrever com coerência e coesão 142
  - A articulação 142

Capítulo 3
Os gêneros argumentativos: a paragrafação
- O gênero em foco 146
  - A paragrafação nos textos argumentativos 146
    - Comparação 151
    - Citação 151
    - Alusão histórica 151
    - Detalhamento 152
    - Divisão 152
    - Definição 153
    - Ilustração 153
  - Agora é a sua vez 154

OFICINA DE CRIAÇÃO
Projeto » Concurso cultural 158

UNIDADE 4 — Por um consumo sustentável 160

Capítulo 1
O debate deliberativo
- O gênero em foco 164
  - Agora é a sua vez 165
- De olho na Agenda 2030 da ONU 171
  - Consumo e produção responsáveis 171
- Para escrever com coerência 172
  - A não contradição 172

Capítulo 2
As dicas e a cartilha
- O gênero em foco 178
  - As dicas 178
  - A cartilha 181
  - Agora é a sua vez 186

Capítulo 3
A apresentação oral e o painel científico
- O gênero em foco 188
  - A apresentação oral 188
  - Agora é a sua vez 194
  - O painel científico 196
  - Agora é a sua vez 205
- Para escrever com técnica 207
  - O resumo 207

OFICINA DE CRIAÇÃO
Projeto » Caminhos para o consumo sustentável 214

Bibliografia 216

UNIDADE 1

Internet em pauta

"[...] falamos muito mais uns com os outros do que em qualquer momento no passado. Estou falando de globalização. De repente, diferentes visões sobre o que está certo e errado estão colidindo de uma forma que nunca aconteceu. Quanto mais tecnologia, ciência e poder tivermos sobre qualquer coisa – sociedade, o ambiente, nossas próprias vidas –, mais urgentes ficam as questões éticas."

Luciano Floridi, filósofo e professor da Universidade de Oxford.
(Disponível em: https://temas.folha.uol.com.br/inteligencia-artificial/entrevistas/etica-cresce-em-importancia-no-mundo-com-menos-religiao-diz-luciano-floridi.shtml.)

"A questão é: como usaremos as novas tecnologias de forma significativa para aumentar a inteligência humana coletiva?"

Pierre Lévy, filósofo.
(Disponível em: https://www.fronteiras.com/leia/exibir/pierre-levy-a-questao-e-como-usaremos-as-novas-tecnologias-de-forma-significativa-para-aumentar-a-inteligencia-humana-coletiva.)

Esta unidade de ensino contempla:

15 habilidades da BNCC

Habilidades dos campos jornalístico-midiático, artístico-literário e de atuação na vida pública, com foco na criação de artigos de opinião e editoriais.

2 gêneros textuais

Artigo de opinião e editorial.

2 recursos: Para escrever com adequação e Para escrever com coesão

A modalização; continuidade e progressão textual.

52 atividades: compreensão, interpretação, oralidade e escrita

Diversas atividades individuais e em grupo; propostas de produção de artigos de opinião e editoriais.

Projeto: Oficina de Criação

Participar com os colegas da produção de uma revista sobre redes sociais e IA no mundo atual, composta de artigos de opinião e editoriais.

FIQUE LIGADO! Pesquise!

Para você saber mais de internet e do papel da imprensa, sugerimos:

O dilema das redes, de Jeff Orlowski; *Privacidade hackeada*, de Karim Amer e Jehane Noujaim; *Ferrugem*, de Aly Muritiba; *Bad genius*, de Nattawut Poonpiriya; *Steve Jobs*, de Danny Boyle; *A rede social*, de David Fincher; *O círculo*, de James Ponsoldt; *Amor.com*, de Anita Barbosa; *Famosos da Web*, de Michael J. Gallagher. Veja no YouTube a animação *O futuro da humanidade — Escravos da tecnologia*, de Steve Cutts.

A boa política — Ensaios sobre a democracia na era da internet, de Renato Janine Ribeiro (Companhia das Letras); *A história desconhecida das mulheres que criaram a internet*, de Claire L. Evans (Best Seller); *Navegando em mares conhecidos — Como usar a internet a seu favor*, de Silmara Franco (Moderna); *Ética urgente*, de Fernando Savater (Edições Sesc); *Entre dados e robôs — Ética e privacidade na era da hiperconectividade*, de Eduardo Magrani (Arquipélago Editorial); *A morte da verdade*, de Michiko Kakutani (Intrínseca); *Todos contra todos*, de Leandro Karnal (Leya); *Como sair das bolhas*, de Pollyana Ferrari (Educ); *Os inovadores*, de Walter Isaacson (Intrínseca); *Tá gravando? E agora?*, de Kéfera Buchmann (Paralela); *Falar em público e convencer*, de Izidoro Blikstein (Contexto).

- http://internetsegura.br/
- https://new.safernet.org.br/
- https://www.eravirtual.org/
- https://museudoamanha.org.br/pt-br/content/tour-virtual
- http://internetsegura.br/adolescentes/

"Kid Vinil" e "Mamãe no Face", de Zeca Baleiro; "Tribunal do Feicebuqui", de Tom Zé; "Blues via satélite", de Graveola e o Lixo Polifônico; "Pela Internet" e "Pela Internet 2", de Gilberto Gil.

FIQUE LIGADO! Escreva!

Nesta unidade, você vai ler e produzir textos argumentativos sobre os usos que o jovem faz da internet e das redes sociais e sobre as mudanças em nossa sociedade em razão da tecnologia digital. Vamos começar a aquecer os motores? Escreva um parágrafo expressando sua opinião sobre o tema **A internet é benéfica ou prejudicial aos jovens de sua idade?**.

Escolha o ponto de vista que vai adotar ao abordar o tema e apresente dois argumentos que justifiquem por que ela é benéfica ou dois argumentos que justifiquem por que é prejudicial; ou, ainda, apresente um argumento que mostre um aspecto positivo da internet e outro que mostre um ponto negativo.

DE OLHO NOS GÊNEROS

Vivemos em uma sociedade bombardeada por informações e opiniões. Diferentemente do passado, quando a informação e o espaço para divulgar a própria opinião ficavam restritos a contextos profissionais de determinadas áreas — jornalistas, economistas, sociólogos, filósofos, etc. —, hoje qualquer pessoa pode veicular informações e emitir suas opiniões nas redes sociais. Se, por um lado, o cidadão ganha canais de expressão por meio dos quais pode exercer seu direito à liberdade de expressão, por outro, o que se nota é a presença de notícias falsas (as *fake news*) e baixa qualidade nos argumentos que fundamentam as opiniões.

Por isso, nunca foi tão importante quanto nos dias de hoje saber ler os textos de uma perspectiva crítica e ter conhecimentos sobre diferentes assuntos para poder opinar de forma articulada e consistente.

No dia combinado com o professor, traga à sala de aula jornais e revistas que contenham **artigos de opinião** assinados pelo autor e **editoriais**, textos que revelam a opinião do veículo de comunicação. Converse com o professor e os colegas, trocando impressões e experiências a respeito desses gêneros.

Artigo de opinião e editorial: o ponto de vista sobre os fatos

Jornais e revistas — quer sejam impressos, quer de rádio, TV ou internet —, além do compromisso de informar, têm o compromisso de veicular análises e opiniões sobre os fatos noticiados.

Tradicionalmente, esses veículos de comunicação procuram não misturar fato e opinião, embora, como você já estudou, não exista uma forma inteiramente neutra de contar um fato, por mais que um órgão de imprensa busque ser imparcial.

Para separar fato de opinião, os jornais estão organizados em seções, e existem seções específicas para explicitar pontos de vista, sejam institucionais – dos

veículos de comunicação –, sejam pessoais – dos profissionais que escrevem. Quando o veículo de comunicação deseja expressar o seu ponto de vista sobre um fato relevante que está ocorrendo na sociedade, publica um **editorial** (geralmente nas primeiras páginas de um jornal ou revista); quando deseja abrir espaço para que especialistas de diferentes áreas opinem sobre os fatos, isso é feito por meio de **artigos de opinião**, que são assinados e geralmente acompanhados de um pequeno currículo profissional do autor.

Para demonstrar isenção quanto às ideias defendidas pelo autor do artigo de opinião, é comum veículos de comunicação trazerem uma mensagem explicitando que o ponto de vista apresentado no texto é exclusivamente de seu autor. Além disso, alguns costumam publicar, lado a lado, dois pontos de vista diferentes e, às vezes, até contrários, sobre o tema em discussão.

Assim, o artigo de opinião e o editorial estão diretamente relacionados com a liberdade de imprensa e a liberdade de expressão, próprios de sociedades democráticas.

Artigo de opinião: um pouco de história

O jornal teve origem na Antiguidade, na Roma antiga, com a publicação da *Acta Diurna*, por iniciativa de Júlio César. A prensa móvel, inventada por Gutenberg no século XV, facilitou a produção de jornais e de outras publicações. Entretanto, somente com a Revolução Industrial, no século XVIII, foi que o jornal ganhou formato semelhante ao atual e consolidou-se como a principal fonte de informação da sociedade ocidental.

A primeira lei protegendo a liberdade de imprensa foi aprovada na Suécia, em 1756.

Com a invenção do telégrafo, em 1844, as notícias passaram a apresentar fatos recentes com muita rapidez. Nesse momento histórico, grandes grupos editoriais se formaram em todo o mundo e o jornal passou a ter um papel decisivo na formação da opinião pública.

Outros acontecimentos posteriores — como a invenção do rádio, na década de 1920, da TV, na década de 1940, e da internet, na década de 1990 — também impactaram o jornalismo em relação ao volume e à rapidez das informações.

Primeiro exemplar do *Jornal do Comércio*, que circulou no Rio de Janeiro entre 1º de outubro de 1827 e 29 de abril de 2016.

OFICINA DE CRIAÇÃO

Projeto » Redes sociais e inteligência artificial em revista

Nesta unidade, você e os colegas vão participar da produção de uma revista temática, que pode ter como título: **Redes sociais e inteligência artificial em revista**. Para compor e confeccionar essa publicação, vocês vão se organizar em diferentes grupos, além de ler e escrever artigos de opinião e editoriais ao longo dos capítulos desta unidade.

CAPÍTULO 1

O artigo de opinião: construção de argumentos

O GÊNERO EM FOCO

No 6º e no 8º ano, você já estudou o artigo de opinião, observando a estrutura geral desses textos e a conexão entre os parágrafos. Neste capítulo, vamos retomar o estudo desse gênero e aprofundar seu conhecimento sobre ele, considerando as diferentes possibilidades de construção dos argumentos que sustentam o ponto de vista do autor.

Leia este artigo de opinião:

Como lidar com os algoritmos que se sobrepõem à verdade

Por Paulo Silvestre
03/04/2023 | 07h30

Três acontecimentos da semana passada, que provavelmente passaram despercebidos da maioria da população, envolvem tecnologias de enorme impacto em nossas vidas. O primeiro foi uma audiência no STF (Supremo Tribunal Federal) que debateu, na terça, o Marco Civil da Internet. Na quarta, mais de mil pesquisadores, executivos e especialistas publicaram um manifesto solicitando que pesquisas de inteligência artificial diminuam o ritmo, por representarem "grandes riscos para a humanidade". Por fim, na sexta, a Itália determinou que o ChatGPT, plataforma de produção de textos por inteligência artificial da OpenAI, fosse bloqueado no país.

Em comum, os três tratam de tecnologias existentes há anos, mas com as quais paradoxalmente ainda temos dificuldade de lidar: as redes sociais e a inteligência artificial. E ambas vêm se desenvolvendo exponencialmente em seu poder para distorcer a realidade a nossa volta, muitas vezes contra nossos interesses e a favor dos das empresas que criam essas plataformas.

Não é um exagero! As redes sociais, usadas por quase 5 bilhões de pessoas, definem como nos relacionamos, nos divertimos, conversamos e nos informamos, manipulando-nos para consumirmos o que os algoritmos consideram melhor (mesmo não sendo). A "inteligência artificial generativa", que ganhou os holofotes no ano passado e tem no ChatGPT sua estrela, produz conteúdos incríveis, mas que podem embutir grandes imprecisões que as pessoas aceitam alegremente como fatos.

As preocupações que se impõem são como podemos aproveitar o lado bom desses serviços, enquanto nos protegemos de potenciais efeitos nocivos, além de como responsabilizar seus produtores, algo que não acontece hoje!

As redes sociais já são nossas velhas conhecidas. Segundo o relatório "Digital 2023 Global Overview Report", da consultoria americana We Are Social, os brasileiros passam uma média de

9 horas e 32 minutos na Internet por dia, das quais 3 horas e 46 minutos são em redes sociais. Nos dois casos, somos os vice-campeões mundiais.

Não é surpresa para ninguém que sejamos manipulados por elas, em maior ou menor escala. Segundo a mesma pesquisa, 65,2% dos brasileiros se dizem preocupados se o que veem na Internet é real ou falso. Nesse quesito, somos o quinto país no mundo.

Agora a inteligência artificial ganha um destaque sem precedentes nas discussões tecnológicas, pelo poder criativo das plataformas que elaboram conteúdo. Algumas pessoas acham isso a aurora de uma nova colaboração entre nós e as máquinas; outros veem como um risco considerável para a própria humanidade.

Mas ela já faz parte do nosso cotidiano profundamente. Basta ver que os principais recursos de nossos smartphones dependem da inteligência artificial. As próprias redes sociais fazem uso intensivo dela para nos convencer. E se considerarmos que isso provocou uma polarização social inédita, colocando em risco a própria sociedade, os temores dos pessimistas fazem algum sentido.

Essa amálgama de euforia e paranoia provoca decisões às vezes precipitadas, mesmo de pessoas qualificadas. Países do mundo todo, inclusive o Brasil, se debruçam sobre o tema, tentando encontrar mecanismos legais para organizá-lo.

Regular ou não regular?

No Brasil, o uso das redes é disciplinado pelo Marco Civil da Internet, de 2014. "Ele entrou em vigor quando discurso de ódio e *fake news* estavam em outro patamar", afirma Marcelo Crespo, coordenador do curso de Direito da ESPM (Escola Superior de Propaganda e Marketing). "Acredito que a revisão seja necessária, mas não com a simples declaração de inconstitucionalidade do artigo 19, e sim a partir de sistemas mais efetivos e transparentes de como as *big techs* fazem a gestão dos próprios termos de uso quando violados." [...]

O referido artigo 19 está no centro dessa discussão porque protege as plataformas digitais de serem responsabilizadas pelo conteúdo que os usuários publicam em suas páginas. Segundo o texto, elas só poderiam ser penalizadas se deixassem de retirar algo do ar após uma ordem judicial. [...]

Na prática, isso vem permitindo que as empresas que produzem essas tecnologias gozem de uma prerrogativa rara, que é responder pouco ou nada por danos que provoquem. Não se pode imaginar um mundo sem elas, mas o crescimento explosivo da desinformação e a consequente polarização social não podem ser vistos como meros "efeitos colaterais". É como "perdoar" um remédio que mate 5.000 pessoas para curar outras 10.000: a cura é bem-vinda, mas não se pode tolerar tantas mortes. [...]

Estamos em um impasse! Como canta Ney Matogrosso, "se correr o bicho pega; se ficar, o bicho come!" As redes sociais estão no centro da nossa vida. A inteligência artificial abre possibilidades incríveis e necessárias. Eliminá-las é impossível, desacelerá-las é improvável. Mas esses problemas aparecem cada vez com mais força.

Qualquer que seja o futuro, ele precisa ser criado com a participação ativa de todos os agentes da sociedade. Essas empresas não podem continuar dando as cartas baseadas apenas na sua busca pelo lucro, pois seus produtos estão muito além de qualquer outra coisa já feita, do ponto de vista de transformação social.

Os benefícios devem ser distribuídos para todos, assim como as responsabilidades e os riscos. O futuro não pode ser **distópico**!

distópico: característica da distopia, representação de uma realidade ou sociedade imaginária opressora, aterrorizante e/ou violenta.

(Disponível em: https://www.estadao.com.br/brasil/macaco-eletrico/como-lidar-com-os-algoritmos-que-se-sobrepoem-a-verdade/. Acesso em: 28/5/2023.)

1. É comum, nos artigos de opinião, o primeiro parágrafo apresentar uma introdução ou contextualização do assunto a ser tratado, situando o leitor na discussão, que geralmente é polêmica.

   a) Qual é o contexto apresentado pelo autor do artigo em estudo?

   _____
   _____
   _____
   _____

   b) Esse assunto pode ser considerado polêmico porque geralmente suscita diferentes posicionamentos. Indique quais podem ser alguns desses posicionamentos.

   _____
   _____
   _____
   _____

2. No segundo parágrafo, o autor apresenta a tese defendida em seu artigo de opinião.

   a) Qual é essa tese?

   _____
   _____
   _____

   b) Troque ideias com os colegas e o professor e explique a função da conjunção **mas** no trecho "mas com as quais paradoxalmente ainda temos dificuldade de lidar".

   _____
   _____
   _____

   c) A palavra **paradoxalmente** significa "de maneira paradoxal, contraditória, contrária". Qual é o efeito de sentido do uso do termo no período em que a conjunção **mas** é usada?

   _____
   _____

3. Você já sabe que, em um artigo de opinião, o autor pode utilizar diferentes recursos para construir seu ponto de vista. No artigo em estudo, o autor alterna o uso da 3ª pessoa do singular com o uso da 1ª pessoa do plural. Compare os dois trechos a seguir:

- "Não se pode imaginar um mundo sem elas, mas o crescimento explosivo da desinformação e a consequente polarização social não podem ser vistos como meros 'efeitos colaterais'. É como 'perdoar' um remédio que mate 5.000 pessoas para curar outras 10.000: a cura é bem-vinda, mas não se pode tolerar tantas mortes."

- "As redes sociais, usadas por quase 5 bilhões de pessoas, definem como nos relacionamos, nos divertimos, conversamos e nos informamos, manipulando-nos para consumirmos o que os algoritmos consideram melhor (mesmo não sendo)."

a) Identifique quais são as marcas de impessoalização do discurso utilizadas no trecho escrito em 3ª pessoa.

b) Reescreva-os, passando o que foi escrito em 1ª pessoa do plural para a 3ª pessoa do singular e o que foi escrito em 3ª pessoa para a 1ª pessoa. Faça todas as alterações necessárias.

c) Agora releia a frase imediatamente posterior ao trecho escrito em 1ª pessoa:

"A 'inteligência artificial generativa', que ganhou os holofotes no ano passado e tem no ChatGPT sua estrela, produz conteúdos incríveis, mas que podem embutir grandes imprecisões que as pessoas aceitam alegremente como fatos."

Troque ideias com os colegas e o professor e levante hipóteses: Por que o autor muda para a 3ª pessoa nessa frase, em vez de continuar com a 1ª pessoa como vinha escrevendo?

Unidade 1 13

4. Considerando suas respostas à questão 3, troque ideias com os colegas e o professor e conclua: Qual é o efeito de sentido dos usos de 1ª e 3ª pessoas para a construção do ponto de vista do autor do texto e de sua relação com seus interlocutores?

_____
_____
_____
_____
_____
_____
_____

5. Sobre os verbos empregados no texto, responda:

a) Em que tempo está a maioria dos verbos do 1º parágrafo? Por que esse tempo é empregado?

_____
_____
_____

b) Em que tempo está a maioria dos verbos empregados ao longo do texto? Que efeito de sentido esse tempo verbal constrói?

_____
_____
_____

6. Nos parágrafos 3 a 9, o autor desenvolve a argumentação a fim de sustentar sua tese. Releia o trecho e ordene a relação de itens a seguir, de acordo com a organização dos argumentos feita pelo autor do artigo em estudo.

☐ Cita dados numéricos de um relatório sobre uso de internet e redes sociais por brasileiros.

☐ Menciona aspectos positivos e negativos do uso de redes sociais e da inteligência artificial generativa.

☐ Discute os efeitos negativos da inteligência artificial e das redes sociais na sociedade.

7. O artigo de opinião traz dados numéricos sobre o tempo de uso de internet e de redes sociais pelos brasileiros, bem como sobre a preocupação em relação à veracidade do que é consumido na internet.

a) Qual é a posição dos brasileiros no *ranking* de uso de internet e de redes sociais?

_____

b) No *ranking* de preocupação com a veracidade do que veem, qual é a posição dos brasileiros?

_____

c) Essa contraposição pode ser considerada um argumento do artigo de opinião? Justifique sua resposta.

_____

_____

_____

d) Troque ideias com os colegas e o professor: O que o contexto apresentado por meio desses dados mostra sobre a disseminação de *fake news* no Brasil? Você tem o costume de checar se as informações que vê na internet ou nas redes sociais são verdadeiras?

_____

_____

_____

8. O texto em estudo é dividido por um intertítulo, isto é, um título que divide os blocos de uma matéria jornalística.

a) Qual é o objetivo da segunda parte do texto?

_____

_____

_____

b) Levante hipóteses: Por que foi feita essa divisão do texto?

_____

_____

_____

9. Ao longo do artigo, o autor constrói sua argumentação com base em diferentes estratégias.

a) Correlacione cada um dos tipos de argumento à sua respectiva explicação.

☐ argumento de autoridade

☐ argumento de princípio

☐ argumento por exemplificação

I. Menção a exemplos que podem ser considerados representativos da questão em debate, a fim de comprovar a confiabilidade da argumentação.

II. Citação das palavras de uma instituição, obra ou autoridade no assunto debatido, a fim de conferir maior credibilidade à argumentação.

III. Afirmação pessoal equivalente a uma constatação (baseada na lógica, na ciência, em princípios éticos, etc.) socialmente aceita como verdadeira.

b) Agora, classifique os trechos a seguir, retirados do texto em estudo, com base nos tipos de argumento descritos no item **a**.

- "Mas ela já faz parte do nosso cotidiano profundamente. Basta ver que os principais recursos de nossos smartphones dependem da inteligência artificial. As próprias redes sociais fazem uso intensivo dela para nos convencer."

_____

- "'Ele entrou em vigor quando discurso de ódio e *fake news* estavam em outro patamar', afirma Marcelo Crespo, coordenador do curso de Direito da ESPM (Escola Superior de Propaganda e Marketing)."

_____

- "Essas empresas não podem continuar dando as cartas baseadas apenas na sua busca pelo lucro, pois seus produtos estão muito além de qualquer outra coisa já feita, do ponto de vista de transformação social."

_____

10. Ao longo do texto, o autor desenvolve a ideia de que há uma dualidade, um par de ideias opostas sobre as tecnologias discutidas no artigo. Qual é essa dualidade? Comprove sua resposta com trechos do artigo.

_____
_____
_____
_____
_____
_____
_____

11. A conclusão do artigo é feita nos dois últimos parágrafos.

   a) Explique de que forma o penúltimo parágrafo retoma a tese do autor.

   _____
   _____
   _____
   _____
   _____

   b) O último parágrafo retoma a oposição que permeia todo o texto. Identifique essa oposição e explique qual é o posicionamento do autor a respeito dessa contradição.

   _____
   _____
   _____
   _____

12. Nos artigos de opinião, a linguagem empregada geralmente é direta e clara, utilizada em uma variedade urbana de prestígio, próxima à norma-padrão. Às vezes, dependendo do veículo de comunicação e do perfil do público que o autor pretende atingir, a linguagem pode ser menos ou mais formal. Observe a linguagem do texto lido.

   a) Ela está de acordo com a norma-padrão?

   _____

Unidade 1   17

b) A linguagem é predominantemente formal ou informal? Dê exemplos.

_____
_____
_____
_____
_____

c) O autor utiliza, em algumas frases, o ponto de exclamação. Que tom esse uso constrói para o texto? Exemplifique.

_____
_____
_____

13. Com a orientação do professor, reúna-se com os colegas para preencher o quadro a seguir com as características básicas do artigo de opinião.

Artigo de opinião: construção e recursos expressivos	
Quem são os interlocutores do artigo de opinião?	
Qual é o objetivo do artigo de opinião?	
Qual é o suporte ou o veículo do artigo de opinião?	
Quais são os temas abordados no artigo de opinião?	
Como é a estrutura do artigo de opinião?	
Como se caracteriza a linguagem do artigo de opinião?	

AGORA É A SUA VEZ

Ao final desta unidade, você e os colegas vão produzir uma revista temática sobre redes sociais e inteligência artificial e seu uso pelos jovens. Neste capítulo, você leu um artigo de opinião e analisou as diferentes estratégias utilizadas pelo autor para fundamentar seus argumentos e construir uma argumentação consistente.

Agora chegou a hora de você escrever um artigo de opinião, que fará parte da revista temática. Leia a proposta a seguir e combine com o professor a melhor forma de realizá-la.

Proposta

Você vai ler, a seguir, um painel de textos relacionados ao fenômeno das *fake news*: um cartum de Duke, um cartaz de uma campanha promovida pela Associação Nacional de Editores de Revistas e um trecho de uma entrevista dada ao jornal gaúcho *Zero Hora* pelo professor Fábio Malini, da Universidade Federal do Espírito Santo (UFES).

Texto 1

Texto 2

VOCÊ JÁ FOI ENGANADO POR UM CONTEÚDO FALSO?

**REVISTAS
Eu acredito!**

Os jovens estão preocupados em buscar informações confiáveis, revela a pesquisa Trust in News, realizada em 2017 pelo Kantar Ibope Media. E 72% dos entrevistados confiam mais em revistas que em outras mídias. As revistas impressas, online, no celular ou em vídeo, fornecem conteúdo relevante, investigativo e em um ambiente seguro.

ASSOCIAÇÃO NACIONAL DE EDITORES DE REVISTAS
#REVISTAEUACREDITO | WWW.ANER.ORG.BR

ANER
www.aner.org.br

(Disponível em: https://tecnodefesa.com.br/revistas-eu-acredito-revistaseuacredito/. Acesso em: 4/4/2023.)

Texto 3

[Zero Hora:] O WhatsApp é o grande propagador de fake news?

[Fábio Malini:] Essa é uma hipótese sem evidências. O problema é que o WhatsApp é um dispositivo privado. Não temos evidências de como funciona. As correntes de WhatsApp são semelhantes às de e-mails. [...] Hoje, o Twitter e ainda mais o Facebook são os maiores propagadores.

Ambos trabalham com a ideia de que todos têm o direito de mentir. É só arcar com as consequências. Não dá para chegar e falar: "Você não pode publicar uma mentira". Todo cidadão pode mentir ali. No Facebook, as pessoas podem publicar o que quiserem. Se forem questionadas eticamente, o Facebook diz: "Não tenho nada a ver com isso. A pessoa que responda". Tem uma certa negligência nisso tudo, mas amparada no direito de liberdade de expressão radical. O Facebook também é protegido pelo marco civil da internet, que estabelece que, tomando as medidas cabíveis, por exemplo, remover posts, banir determinado usuário, a plataforma fez o que tinha de fazer. Isso acaba dando a ela um porto seguro. Enquanto não for acionada juridicamente por um conteúdo, não tomará providências.

Quais são as alternativas para resolver isso?

A única alternativa para que haja uma plataforma com mais qualidade de informação é que a comunidade que está presente nela denuncie.

É uma perspectiva otimista. As pessoas estão preparadas para identificar o que é falso? Não seria o caso de estudar outras medidas, como a regulação dos algoritmos?

Sem dúvida. As pessoas estão na sua bolha e não denunciam quem tem a mesma identidade que elas. Sobre a proteção de informações pessoais, sou favorável ao debate e à regulação. Sempre prestando atenção à inovação: é importante proteger os dados, mas garantindo que se alimente a inovação. Na área da saúde, por exemplo: temos um dos maiores biobancos, o da Fiocruz, que guarda todos os exames de sangue da época do zika vírus, com os dados pessoais protegidos, mas sem perder a função de nos ajudar a entender a epidemiologia. [...]

[...] Mas tem de proteger as informações das pessoas, tem de haver regras que balizem tanto as pesquisas científicas quanto as pesquisas de mercado. [...]

Existem, no Brasil, grupos organizados que fabricam fake news?

No Brasil, não há um problema realmente grande de notícias falsas, com centenas de sites. O que temos forte são as notícias distorcidas, ou o chamado caça-clique. E aí não é só em política. Há isso na saúde, na segurança, em diferentes setores.

[...]

Os maiores propagadores de conteúdos distorcidos são as pessoas com interesses escusos, em geral financeiros, ou aquelas que se sentem mais livres para ter um engajamento?

Acho que é uma composição das duas coisas, dependendo do campo. Na política, na maior parte dos casos, há ganho financeiro. O sujeito que fica horas produzindo, refazendo títulos, clipando conteúdos, enfim, ele dedica muito tempo a isso. Sem recursos financeiros, não há ideologia que faça uma pessoa ficar trabalhando tanto.

[...]

(Disponível em: https://gauchazh.clicrbs.com.br/tecnologia/noticia/2018/04/entrevista-por-tras-do-fenomeno-das-fake-news-cjfy9ul8s02a601tgmtsv6dzj.html. Acesso em: 4/4/2023.)

Quem é Fábio Malini?

Fábio Malini trabalha no Laboratório de Estudos sobre Imagem e Cibercultura (Labic), que se tornou referência nacional em estudos sobre o comportamento e o engajamento dos indivíduos em fatos de grande repercussão nas redes sociais.

Utilize as informações que você apreendeu nos textos lidos, e outras que julgar relevantes, para fundamentar seus argumentos em um artigo de opinião no qual você discuta uma das questões a seguir:

- É possível confiar em mensagens veiculadas pelas redes sociais?
- Notícias falsas são um fenômeno exclusivo da internet?
- *Fake news* podem causar prejuízos reais para a sociedade?
- Acompanhar redes sociais pode ser uma boa alternativa para se manter bem-informado?
- O WhatsApp é o grande responsável pela proliferação de *fake news*?
- É possível viver fora das redes sociais atualmente?
- É possível combater *fake news*?

Planejamento do texto

- Antes de começar a escrever, tenha em mente qual é o seu ponto de vista sobre o tema e qual tese você pretende defender em seu texto.
- Defina se vai escrever seu texto em 1ª pessoa ou em 3ª pessoa, atentando para os efeitos de cada opção: respectivamente, um texto mais pessoal ou mais impessoal.
- Enumere os argumentos que pretende desenvolver para sustentar sua tese e planeje como vai construir a fundamentação desses argumentos.
- Planeje a construção de seu texto: estabeleça relações entre as partes, a fim de que elas fiquem bem conectadas, retomando ideias apresentadas e dando sequência à argumentação.

Escrita

- Inicie seu texto com a contextualização do tema e apresente sua tese sobre ele de maneira clara e objetiva.
- Faça uso de exemplos, dados e citações que corroborem ou complementem seu ponto de vista, a fim de fundamentar sua argumentação.
- Você pode apresentar os argumentos por parágrafo, dando exemplos, fazendo comparações, indicando causas e consequências, citando o pensamento de outra pessoa ou, ainda, notícias ou pesquisas publicadas em revistas e jornais, etc.
- Estabeleça relações entre os parágrafos, como de adição, de causa e consequência, de contraposição, de exemplificação, etc.
- Procure concluir o texto em um ou dois parágrafos. Nele(s), você pode confirmar o ponto de vista que apresentou inicialmente, fazer uma síntese das ideias ou apresentar uma proposta ou sugestão.

- Procure adequar a linguagem do texto ao perfil dos leitores que pretende atingir e ao suporte em que ele vai ser veiculado. Lembre-se de que o artigo de opinião tem uma linguagem objetiva, em uma variedade próxima à norma-padrão.
- Dê ao texto um título que desperte a curiosidade do leitor.

Revisão e reescrita

Antes de fazer a versão final do texto, releia-o, observando se:

- você se posiciona claramente sobre o tema;
- o texto apresenta uma ideia principal que resume seu ponto de vista;
- a ideia principal é fundamentada com argumentos claros e consistentes;
- os argumentos são bem-desenvolvidos, retomados e aprofundados ao longo do texto;
- a conclusão retoma ou confirma o ponto de vista defendido ou apresenta uma proposta;
- o título dado ao texto é atraente e coerente com as ideias desenvolvidas;
- o texto como um todo é capaz de convencer o leitor;
- a linguagem está de acordo com uma variedade próxima à norma-padrão da língua e com um grau de formalidade adequado ao público-alvo.

Após a revisão, passe seu texto a limpo, formatando-o da forma mais adequada para publicá-lo, e guarde-o para a confecção da revista na **Oficina de Criação**.

CAPÍTULO 2
O artigo de opinião: ressalvas e contra-argumentação

O GÊNERO EM FOCO

Leia a seguir dois artigos de opinião sobre a tecnologia de inteligência artificial ChatGPT.

Texto 1

ChatGPT deveria dar humildade e motivação, não preguiça

Afinal, ainda tem muito que só você é capaz de fazer se quiser

Suzana Herculano-Houzel
Bióloga e neurocientista da Universidade Vanderbilt (EUA).
23/01/2023 | 11h45

Claro que meus colegas estão em polvorosa com as habilidades do ChatGPT.

Para quem esteve dormindo em matéria de tecnologia nas últimas semanas, esse é o nome do algoritmo que gera textos a pedido do freguês. O ChatGPT foi criado pela OpenAI, a mesma empresa que trouxe até você o Dalle-2, que gera imagens sob demanda.

O motivo do alvoroço é que o ChatGPT escreve textos passavelmente convincentes à primeira vista, que serviriam como dever de casa ou até respostas de questões discursivas de prova, e boa parte da discussão tem se focado em como detectar esses casos indiscutíveis de trapaça.

Eu acho que essa pergunta é errada. Não é de ontem que a gente apela para algoritmos que resolvem problemas muito mais rapidamente do que a gente – minha definição operacional, aliás, de tecnologia.

Calculadoras fazem isso, poupando a gente do tempo que usar papel e lápis para montar multiplicações e divisões com resto exige; a memória de trabalho delas, que vai representando os resultados parciais ao longo do processo, é muito melhor do que a nossa. Livros também armazenam um mundo de informação, disponível para consulta sob demanda.

O ChatGPT é perfeitamente capaz de juntar palavras seguindo a gramática e informações seguindo associações encontradas no banco de dados. Palmas para ele: a gente leva ao menos uns dez anos aprendendo a fazer isso, e os engenheiros da OpenAI entenderam o suficiente do processo para repeti-lo sob encomenda.

O que o ChatGPT não faz é gerar CONHECIMENTO – digo isso assim mesmo, em letras garrafais. Informação existe em associações de ideias e eventos: interruptor pra cima, luz acesa; interruptor pra baixo, luz apagada. Isso é o que o algoritmo é programado para fazer, e, seguindo as regras do jogo, produz frases gramática e sintaticamente corretas que firmam essas associações.

Agora, conhecimento... este dá trabalho e só se constrói às custas de USAR informações – assim, de novo, em letras maiúsculas. É preciso interagir com o interruptor para descobrir que é a sua ação de movê-lo para cima e para baixo que controla a luz e então assimilar essa causa-consequência no seu kit de ferramentas: ela estará lá quando você encontrar um quarto escuro e é ela que vai fazer você tatear à procura de algo que traga claridade.

Quem delega seu dever de casa ao ChatGPT abre mão dessa oportunidade de gerar conhecimento em seu próprio cérebro. Esse cérebro cede à preguiça, uma pena.

Mas não há que ser assim. Professores, os piores inimigos da preguiça mental, podem incorporar a preguiça ao processo: basta por exemplo pedir aos alunos para fazer, sim, seu dever de casa apelando para o ChatGPT – mas então EDITAR (de novo, maiúsculas) o resultado, usando seu conhecimento e seus valores (outra coisa que o algoritmo não tem, mas aí já é outra coluna). Aluno, mostre que você é mais do que um simples algoritmo.

A única razão de banirem livros até hoje foi por nos fazerem pensar, não por nos impedirem. Se um dia o ChatGPT de fato incomodar, vai ser porque insuflou mentes a pensar coisas novas, não a se acomodar.

(Disponível em: https://www1.folha.uol.com.br/colunas/suzanaherculanohouzel/2023/01/chatgpt-deveria-dar-humildade-e-motivacao-nao-preguica.shtml. Acesso em: 3/4/2023.)

ChatGPT – algumas breves reflexões éticas

Mário Tavares da Silva
05/03/2023 | 10h42

Para os mais entusiastas nas matérias relativas aos fascinantes temas conexos com a Inteligência Artificial (IA), não subsistem hoje grandes dúvidas de que o que mais colunas de opinião tem motivado nos últimos tempos se prende, incontornavelmente, com o desafiante tema relativo ao ChatGPT (Generative Pre-Training Transformer) e, em particular, com o suposto "mundo novo" que o mesmo abre a todos nós, nas mais variadas e rotineiras atividades, seja na órbita pessoal seja na esfera profissional.

[...]

Alimentado por uma complexa e profunda rede neural, o ChatGPT **assenta** o seu funcionamento num modelo de autoaprendizagem que se desenvolve, sobretudo, com recurso à análise de milhões de textos, sendo capaz, no final, de gerar textos coerentes e dotados de uma escrita **escorreita**, semântica e conceitualmente inteligível.

Recorrendo a uma variedade de aplicações, entre as quais destacaríamos os assistentes virtuais, as *chatbots* ou mesmo a geração de conteúdos, o ChatGPT endereça, na sua essência, a procura eficiente de respostas claras e coerentes, para as perguntas que lhe sejam colocadas.

No entanto, e como sucede com tudo na vida, não há bela sem senão, pelo que devemos também procurar questionar, desde já, entre outros relevantes pontos, a natureza e precisão das informações que o ChatGPT oferece e as implicações éticas que tal circunstância é suscetível de comportar.

Assim, e antes de mais, o ChatGPT traz consigo um elevado risco de enviesamento ou distorção, dado que as informações fornecidas aos seus utilizadores se constroem tendo por fonte um volumoso corpo de dados.

Basta pensar na circunstância de esses dados se poderem apresentar, em alguma medida, "contaminados" por qualquer tipo de estereótipos, sejam de natureza de gênero ou mesmo racial.

[...]

O ChatGPT encerra, também, alguns importantes e não negligenciáveis riscos éticos, dada a potencial utilização, com finalidades maliciosas, que determinados utilizadores se possam sentir tentados a desenvolver, através da produção e da disseminação de notícias falsas suscetíveis de fazer perigar, de modo mais ou menos intenso, a estabilidade e paz sociais.

Nesta medida, não podemos, nem devemos pois nunca **olvidar** este relevante risco de uma utilização indevida, mal-intencionada ou mesmo abusiva deste novo sistema tecnológico. Ao invés, e numa deliberada estratégia prudencial, devemos antes procurar promover a criação de mecanismos que **mitiguem** esse risco e sancionar, lá onde se evidencie necessário, todos os prevaricadores e mal-intencionados na utilização desta nova e poderosa ferramenta tecnológica.

Uma última nota para deixar alguns alertas relativos à necessidade de garantir privacidade e segurança na utilização da ferramenta. Na realidade, e considerando que o modelo linguístico da ferramenta potencia a geração de conhecimento com base nas entradas que recebe, existe aqui um risco, não **negligenciável**, de se revelar informação e conteúdos sensíveis, podendo mesmo no limite, cair-se no extremo de se localizar e traçar o perfil de determinados indivíduos.

Em síntese, será importante criar e dispor de medidas adequadas que possam endereçar eficazmente a desejada proteção dos dados dos diferentes utilizadores ou impedir que os mesmos possam servir uma má e desvirtuada utilização.

Programadores, utilizadores e sociedade em geral terão de saber estar à altura das diferentes responsabilidades que agora lhes são confiadas, por forma a garantir, sem sobressaltos, uma bem-sucedida utilização desta promissora e **auspiciosa** ferramenta tecnológica.

Só assim, estamos em crer, é que essa mesma utilização será efetivamente benéfica para a Humanidade que é, ao fim e ao resto, aquela que **primacialmente** o ChatGPT visa servir.

(Disponível em: https://www.publico.pt/2023/03/05/opiniao/opiniao/chatgpt-breves-reflexoes-eticas-2041176. Acesso em: 14/5/2023.)

---

assenta: fundamento, embasa.
auspiciosa: de bom agouro; que gera esperanças; prometedora.
escorreita: sem defeitos, sem erros.
mitiguem: aliviem, suavizem, aplaquem.
negligenciável: que se pode descuidar.
olvidar: esquecer.
primacialmente: primordialmente.

1. Os dois textos lidos tratam da criação de uma tecnologia de inteligência artificial: o ChatGPT, ainda muito recente quando os artigos foram escritos. Troque ideias com os colegas e o professor e deduza:

   a) Qual dos textos tem uma postura mais otimista em relação aos usos possíveis da tecnologia? Indique dois dos argumentos utilizados pelo autor para defender o ponto de vista dele.

   b) Qual dos textos tem uma postura mais pessimista ou cética em relação ao uso do ChatGPT? Indique dois dos argumentos utilizados pelo autor para defender o ponto de vista dele.

   c) Qual dos textos é mais convincente? Justifique sua resposta.

2. Em um dos artigos, a área de atuação profissional do autor é destacada após seu nome.

   a) Qual é a área de atuação e qual é a relação dessa área com o assunto em debate?

   b) No início do texto 1, há um comentário sobre colegas de profissão da autora. De que maneira essa informação é relevante para a argumentação desenvolvida? Qual é o tom dado ao texto com esse início?

3. Observe que, no primeiro artigo, a palavra **ChatGPT**, em duas ocorrências, foi escrita sublinhada e com a fonte em cor diferente do restante do texto. Sabendo que os artigos em estudo foram retirados da página virtual de um jornal,

   a) deduza: Qual é a função dessas marcas nesse contexto?

   _____

   _____

   b) levante hipóteses: De que forma esse recurso contribui para a construção da argumentação em cada um dos textos?

   _____

   _____

   _____

   _____

4. Complete o quadro a seguir, identificando, em cada um dos textos lidos, os parágrafos que correspondem às partes indicadas.

Partes do texto	Texto 1	Texto 2
Contextualização do assunto.		
Explicitação da opinião do autor.		
Desenvolvimento da argumentação com menção a fatos, exemplos, dados, argumentos de causa e consequência.		
Fechamento do texto.		

5. Ao construírem a argumentação e defenderem seu ponto de vista, ambos os autores fazem ressalvas e apresentam argumentos contrários aos seus para formular contra-argumentos. Leia a seguir as definições dos termos **ressalva** e **contra-argumento**, dadas pelo dicionário *Houaiss*:

> **ressalva**
> ■ substantivo feminino
> 1 observação escrita para emendar o que se escreveu erradamente ou para tornar válida a inserção de palavra ou trecho
>   1.1 nota para validar rasuras ou emendas em documentos
> 2 cláusula que modifica termos de um contrato
> 3 certidão que prova isenção dos deveres militares ou eleitorais
> 4 declaração por escrito visando à segurança de uma pessoa
> 5 restrição, exceção, reserva
> *Ex.: concordo que era bom sujeito, mas com algumas r.*
>
> **contra-argumento**
> ■ substantivo masculino
> argumento que se opõe a outro, a fim de suprimi-lo
>
> (Dicionário Houaiss eletrônico da língua portuguesa 1.0.)

a) Deduza: Qual das acepções da palavra **ressalva** se aplica à estratégia utilizada pelos autores dos textos em estudo?

b) Entre os trechos a seguir, assinale aqueles que contêm uma ressalva em destaque.

☐ "O que o ChatGPT não faz é gerar CONHECIMENTO – digo isso assim mesmo, em letras garrafais. Informação existe em associações de ideias e eventos: interruptor pra cima, luz acesa; interruptor pra baixo, luz apagada. **Isso é o que o algoritmo é programado para fazer, e, seguindo as regras do jogo, produz frases gramática e sintaticamente corretas que firmam essas associações.**"

☐ "**Mas não há que ser assim**. Professores, os piores inimigos da preguiça mental, podem incorporar a preguiça ao processo: basta por exemplo pedir aos alunos para fazer, sim, seu dever de casa apelando para o ChatGPT – mas então EDITAR (de novo, maiúsculas) o resultado [...]."

☐ "**No entanto, e como sucede com tudo na vida, não há bela sem senão, pelo que devemos também procurar questionar, desde já, entre outros relevantes pontos, a natureza e precisão das informações que o ChatGPT oferece e as implicações éticas que tal circunstância é suscetível de comportar.**"

c) Troque ideias com os colegas e o professor e responda: Como se estruturam textualmente as ressalvas apontadas por você no item **b**?

6. Releia os seguintes contra-argumentos, extraídos, respectivamente, do texto 1 e do texto 2, e indique a qual possível argumento contrário eles se opõem.

- "O que o ChatGPT não faz é gerar CONHECIMENTO – digo isso assim mesmo, em letras garrafais."

- "Assim, e antes de mais, o ChatGPT traz consigo um elevado risco de enviesamento ou distorção, dado que as informações fornecidas aos seus utilizadores se constroem tendo por fonte um volumoso corpo de dados."

7. Tendo em vista suas respostas às questões 5 e 6, explique qual é a importância das ressalvas e da contra-argumentação para elaborar um artigo de opinião.

_____
_____
_____
_____

8. Os dois textos apresentam sugestões para combater possíveis usos indevidos do ChatGPT.

a) Qual é o uso indevido abordado pelo texto 1?

_____
_____
_____

b) Qual sugestão o texto 1 apresenta como solução?

_____
_____
_____
_____

c) Quais sugestões o texto 2 apresenta para possíveis usos inadequados da nova tecnologia?

_____
_____

9. No texto 1, a autora utiliza um recurso gráfico para chamar a atenção para algumas palavras.

a) Qual é esse recurso?

_____
_____

b) Qual é o efeito de sentido desse uso?

_____
_____
_____

10. Você já estudou que os interlocutores a quem o artigo de opinião se dirige são as pessoas em geral, a sociedade, os interessados nos temas de importância pública discutidos pelos autores de textos desse gênero.

   a) Com quem o texto 1 dialoga mais diretamente? Justifique sua resposta.

   _____
   _____
   _____

   b) Por que a autora se dirige diretamente a esse grupo?

   _____
   _____
   _____
   _____

11. Sobre a linguagem dos textos, responda:

   a) Qual variedade linguística é utilizada nos artigos de opinião?

   _____
   _____
   _____

   b) Qual dos textos optou por um tom mais descontraído, com expressões informais? Justifique sua resposta com trechos do texto.

   _____
   _____
   _____
   _____

   c) Qual dos textos optou por um tom mais sério e formal? Justifique sua resposta com trechos do texto.

   _____
   _____
   _____
   _____
   _____

AGORA É A SUA VEZ

Posicionando-se como um aluno do 9º ano, você está convidado a expor seu ponto de vista em um artigo de opinião sobre a presença das novas tecnologias na escola. Esse artigo comporá a revista temática que você e os colegas vão produzir para a **Oficina de Criação** desta unidade.

Para se preparar para a produção do artigo, leia os textos a seguir e utilize seus conhecimentos sobre o assunto. Você pode, ainda, consultar outras fontes de informação.

Texto 1

Escola e redes sociais: combinação possível?

Escola e mídia. Duas instituições que estão cada vez mais próximas e, ao mesmo tempo, distantes. Embora não faltem teorias, estudos e cursos que defendam o trabalho conjunto entre elas, a interface não é das melhores. Muitas escolas ainda não sabem lidar com os meios de comunicação, cada vez mais presentes, influentes e ao alcance de crianças desde a Educação Infantil.

Em junho do ano passado, a mídia noticiou com grande destaque o caso da estudante Jannah Nebbeling, 15 anos, aluna do Colégio PH, no Rio de Janeiro. Na época, ela disse ter sido coagida pela direção da escola por ter criado uma comunidade no Facebook para debater assuntos escolares e divulgar as respostas dos deveres de casa que valiam pontos. A página era acessada por cerca de 700 alunos. Para a estudante, uma ação normal. Para a escola, uma cola virtual.

O caso foi parar na polícia. A mãe da aluna processou a escola pela forma como a instituição conduziu o problema: suspendeu a aluna por cinco dias. A escola diz ter chamado o responsável de cada aluno que estava participando da comunidade para uma conversa particular, explicando que se tratava de uma cola indevida, um processo não pedagógico.

A **revistapontocom** conversou com especialistas nas áreas de tecnologia e educação para contribuir com o debate. Afinal, como é possível estabelecer uma inter-

face criativa e construtiva entre a escola e, hoje, as redes sociais? Como eles avaliam o caso da aluna? Que pontos positivos é possível tirar deste caso?

Acompanhe:

Professor do Colégio Pedro II, Sérgio Lima afirma que a aluna fez um "uso pobre" das redes sociais. "As respostas dos deveres poderiam ter sido usadas para trocas de conhecimento entre os alunos, para que todos aprendessem mais sobre as questões. Pelo que entendi, as trocas tinham como único objetivo fraudar o sistema de notas da escola. Logo, um uso conservador e limitado das possibilidades ricas de aprendizagem que as redes sociais oportunizam", destaca.

A ação da aluna, na visão do professor, pode ser considerada como um resultado conservador do sistema de avaliação da escola, que, de certa forma, incentiva a necessidade dos alunos colarem. Para Sérgio, se as escolas continuarem funcionando e propondo atividades condizentes com os resquícios da sistematização da Era Industrial, essas contradições serão cada vez mais frequentes. "Se a escola mudar as formas de aprendizagem e avaliação, a cola poderá não fazer mais sentido", avalia.

Para o professor, o episódio é um prato cheio para as escolas que desejam continuar fechadas para o novo mundo tecnológico. Mas também é, ao mesmo tempo, uma ótima reflexão para as que querem, de fato, ampliar suas potencialidades e limites. "As escolas que querem uma desculpa para continuarem no século XIX poderão tomar este episódio como argumento a favor de seu neoludismo — uma ideologia que se opõe às novas tecnologias. Já as escolas que sabem que os desafios para se educar no nosso atual contexto informacional são enormes tomarão este episódio como um convite para a reflexão".

Tarefa nada fácil. Afirma a professora Camila Lima Santana, do Instituto Federal de Educação, Ciência e Tecnologia do IF Baiano. Ela reconhece a dificuldade, pois as escolas estão enraizadas em práticas lineares, segmentadas. E tudo que possibilite uma abertura, uma novidade, um caminho em que não se saiba trilhar, dá medo. Mas é preciso rever, refletir. "E reconhecer esses espaços digitais para além do ócio e das inutilidades. É fundamental pensar as redes sociais como locus de informação, de troca de saberes e aprendizagem", conta.

Na avaliação de Camila, deixar de lado as tecnologias, e mais especificamente as redes sociais, não é uma boa estratégia. Afinal, as tecnologias são um elemento forte e contundente da atual cultura contemporânea. As redes sociais, assim como as clássicas instituições, como a escola, também favorecem a interação e a constituição de conhecimentos e valores. Portanto, afirma a professora, devem ser, pelo menos, objeto de discussão. [...]

[...]

Mestre em Educação e Contemporaneidade pela Universidade do Estado da Bahia (Uneb), Camila destaca ainda que as redes sociais são espaços de interação humana. "Os sites de redes sociais não são culpados por atos de violência, agressão, cola, por nada. Os sujeitos que agem dessa maneira na rede agem em outros espaços. O que a internet permite é que essas práticas sejam divulgadas e atinjam maior número de pessoas. Somos nós, humanos, que fazemos os espaços serem o que são e terem as utilidades que desejamos."

Andrea Ramal faz coro às observações de Camila. E vai mais além. Segundo ela, que é especialista em novas tecnologias, a internet não é um material didático pronto. É preciso que o uso de qualquer recurso, inclusive das redes sociais, com finalidades educacionais, seja fundamentado por um projeto pedagógico consistente. Para Andrea, o limite começa a existir quando as redes sociais, em vez de servirem para o desenvolvimento das pessoas e o crescimento dos estudantes, por meio do compartilhamento de conhecimentos e da comunicação intersubjetiva, começam a ser usadas com finalidades que ferem a ética. Para a especialista, cabe aos educadores – na escola e na família – orientarem os estudantes neste sentido. [...]

(Disponível em: https://planetapontocom.org.br/revista/materias/redes-sociais-na-escola. Acesso em: 6/4/2023.)

Texto 2

Planejamento do texto

- Antes de começar a escrever, tenha em mente qual é o seu ponto de vista sobre o tema e qual tese você pretende defender em seu texto.
- Defina se vai escrever seu texto em 1ª pessoa ou em 3ª pessoa, atentando para os efeitos de cada opção: respectivamente, um texto mais pessoal ou mais impessoal.
- Enumere os argumentos que pretende desenvolver para sustentar sua tese e planeje como vai construir a fundamentação desses argumentos.
- Planeje a construção de seu texto: estabeleça relações entre as partes, a fim de que elas fiquem bem conectadas, retomando ideias apresentadas e dando sequência à argumentação.

Escrita

Releia as orientações dadas no capítulo anterior, na página 23, e considere também os seguintes pontos:

- Deixe claro qual é seu ponto de vista, utilizando exemplos, fatos, dados e opiniões de especialistas para fundamentar sua argumentação.
- Procure fazer ressalvas ao construir seus argumentos, mostrando que entende que se trata de um assunto complexo, que pode ser visto de diferentes formas.
- Tente, com seus argumentos, mostrar que sua forma de tratar o debate merece ser levada em consideração.
- Preveja possíveis argumentos contrários aos seus e desenvolva de antemão contra-argumentos, fortalecendo ainda mais seu ponto de vista.

Revisão e reescrita

Antes de fazer a versão final do texto, releia-o, observando as orientações do capítulo anterior, na página 23, e também se:

- você fez ressalvas em seus argumentos, construindo uma argumentação madura e consistente que merece ser levada em consideração;
- previu argumentos contrários aos seus e construiu contra-argumentos que os desconstruam.

Para escrever com ADEQUAÇÃO

A modalização

Releia os trechos dos textos lidos no início do capítulo:

> I. Para os mais entusiastas nas matérias relativas aos fascinantes temas conexos com a Inteligência Artificial (IA), não subsistem hoje grandes dúvidas de que o que mais colunas de opinião tem motivado nos últimos tempos se prende, incontornavelmente, com o desafiante tema relativo ao ChatGPT (Generative Pre-Training Transformer) e, em particular, com o suposto "mundo novo" que o mesmo abre a todos nós, nas mais variadas e rotineiras atividades, seja na órbita pessoal seja na esfera profissional.
>
> II. Basta pensar na circunstância de esses dados se poderem apresentar, em alguma medida, "contaminados" por qualquer tipo de estereótipos, sejam de natureza de gênero ou mesmo racial.
>
> III. O motivo do alvoroço é que o ChatGPT escreve textos passavelmente convincentes à primeira vista, que serviriam como dever de casa ou até respostas de questões discursivas de prova.

1. No primeiro trecho, retirado do texto 2, o autor afirma que os textos de opinião têm tratado de um mesmo tema.

    a) Como ele qualifica o tema? Esta é uma característica inerente ao tema ou revela a avaliação do autor sobre ele?

    ___

    b) Quando o autor inicia o trecho com a expressão "Para os mais entusiastas", ele se identifica ou se distancia dessa categoria? Por quê?

    ___

    c) Troque ideias com os colegas e o professor: A quem se refere o pronome **nós** nesse trecho?

    ___

2. Observe o uso do sinal de aspas nos dois primeiros trechos.

a) Levante hipóteses: Qual é a função das aspas na expressão "mundo novo" no primeiro trecho? O uso desse recurso estabelece que relação entre o autor do texto e o conteúdo citado entre aspas?

_____
_____
_____
_____

b) Em que contextos geralmente o adjetivo **contaminados** é utilizado? Deduza: Por que o adjetivo foi escrito entre aspas no texto?

_____
_____
_____

3. Leia a seguir uma proposta de reescrita para o terceiro trecho:

> O motivo do interesse sobre o assunto é que o ChatGPT escreve textos convincentes à primeira vista, que servem de dever de casa ou até de respostas de questões discursivas de provas.

a) Compare a reescrita com o original. Em qual deles o sentido construído é de dúvida sobre o que é afirmado?

_____

b) Em qual deles o sentido construído é de certeza, de verdade, de comprometimento?

_____

c) Quais usos linguísticos constroem o sentido atribuído ao texto original?

_____
_____
_____
_____

Você já sabe que, ao escrevermos um texto, sempre manifestamos nosso ponto de vista sobre o assunto em debate, de modo menos ou mais explícito. A escolha das palavras e a forma de combiná-las, a inserção de termos e expressões que acrescentam ideias como as de dever ou de possibilidade, a utilização de advérbios e adjetivos que explicitam uma opinião ou uma avaliação sobre o assunto em debate, entre diversos outros recursos linguísticos, compõem as **estratégias de modalização**, que podem ser exploradas nos textos para enfatizar o ponto de vista do autor.

EXERCÍCIOS

Leia o trecho de outro artigo de opinião.

As entrelinhas dos conteúdos produzidos pelo ChatGPT

Manuela Vidal e Silva Oliveira Santos e Ricardo Wagner Oliveira Santos

Quem nunca leu o livro "1984" escrito por George Orwell deveria lê-lo agora, visto que a distopia descrita pelo escritor em muito se assemelha ao momento vivido hoje com o avanço da inteligência artificial no mundo. Em 1948, ano em que o livro foi concluído, não havia internet, redes sociais e algoritmos. Havia, todavia, a capacidade de criar, imaginar e descrever aquilo que ainda não existia no mundo real, mas que era possível no plano imaginário graças à habilidade inventiva do ser humano.

Foi com base em três únicos elementos (leitura, imaginação e escrita) que Orwell conseguiu profetizar na primeira metade do século 20 um mundo que começaria a se concretizar [em parte] anos depois e que seguiria caminhando no sentido perverso descrito na sua distopia no século seguinte, este que vivemos agora. O mais incrível e assustador não é presenciar as transformações que nos desafiam enquanto seres humanos, o pior é verificar que muito do que poderia ser feito para nos salvaguardar como indivíduos é negligenciado em prol não da comunidade, mas do mercado. [...]

Ilude-se quem defende que com as inteligências artificiais generativas, aquelas responsáveis pela criação de novos conteúdos, os dias de estudo, leitura e escrita ficarão para trás, pois é justamente nesse momento que se torna ainda mais urgente e necessário o conhecimento como forma de compreender e acompanhar a rapidez da produção de textos, vídeos, imagens e sons. É o estudo, mais do que nunca, que distinguirá aqueles que dominarão as novas tecnologias e aqueles que serão dominados por elas. A diferença entre o remédio e o veneno, como já diziam os antigos, é a dose.

[...]

(Disponível em: https://www.nexojornal.com.br/ensaio/2023/03/26/As-entrelinhas-dos-conte%C3%BAdos-produzidos-pelo-ChatGPT?posicao-home-esquerda=3. Acesso em: 12/4/2023.)

1. Em seu início, o texto faz referência ao livro *1984*, de George Orwell.

    a) Identifique uma expressão utilizada pelos autores no primeiro parágrafo que constrói a ideia de recomendação.

    _____

    b) Que diferença de sentido haveria se a expressão que responde ao item **a** fosse escrita no presente do indicativo?

    _____
    _____
    _____
    _____

Capa do filme *1984*, dirigido por Michael Radford e adaptado do livro homônimo escrito em 1949 por George Orwell.

2. Releia o seguinte trecho do texto:

> "O mais incrível e assustador não é presenciar as transformações que nos desafiam enquanto seres humanos, o pior é verificar que muito do que poderia ser feito para nos salvaguardar como indivíduos é negligenciado em prol não da comunidade, mas do mercado."

a) Indique as palavras que explicitam a opinião dos autores sobre as transformações do mundo contemporâneo e a falta de proteção à humanidade.

b) De acordo com os autores, haveria possibilidades de proteger os indivíduos dos malefícios das novas tecnologias? Qual expressão revela essa avaliação?

3. Releia o último parágrafo do trecho e responda:

a) Qual é o efeito de sentido construído pelo emprego do verbo **ser** na 3ª pessoa do presente do indicativo nas seguintes expressões: "pois é justamente nesse momento", "é o estudo" e "é a dose"?

b) Apesar de o trecho ser escrito de maneira impessoal, sem o uso de 1ª pessoa do discurso, a opinião dos autores do texto é explicitada pelo uso de algumas palavras com valor avaliativo. Quais são elas?

c) Qual expressão utilizada nesse parágrafo constrói a ideia de que o estudo se tornou ainda mais importante com o advento da inteligência artificial generativa?

CAPÍTULO 3

O editorial

O GÊNERO EM FOCO

Como você estudou em capítulos anteriores, o artigo de opinião é um texto assinado por um(a) autor(a). As empresas jornalísticas que o publicam não se responsabilizam por seu conteúdo e podem não compartilhar das opiniões nele expressas. Quando elas querem expressar o próprio posicionamento, utilizam o editorial.

Leia o texto a seguir.

Redes de risco

Danos para a saúde mental podem ser combatidos com ciência e educação midiática

Novas tecnologias de comunicação despertam fascínio quando surgem e, depois, preocupação, até pânico. Foi assim com o cinema, a televisão e, neste século 21, é o que se passa com as redes sociais.

Na quarta (24), o médico e secretário de Saúde dos EUA, Vivek Murthy, emitiu um alerta sobre os riscos dessas mídias. O relatório afirma que, apesar de a ciência ainda não ter alcançado consenso a respeito, há fortes indícios de que elas possam prejudicar a saúde física e mental dos mais jovens.

O aumento do uso das plataformas tem sido acompanhado por uma alta nos casos de ansiedade, depressão, automutilação e ideação suicida — mas ainda não se comprovou se a relação é causal.

Há pesquisas que mostram que o sistema de recompensa das redes sociais, por meio das chamadas "curtidas", estimula processos neurológicos similares aos verificados em dependentes químicos; já outras revelam benefícios, como conexão emocional e comunitária entre os jovens.

A falta de consenso leva o relatório americano a pedir por um esforço científico de investigação. Enquanto isso, medidas vão sendo tomadas. Em março, Utah proibiu que menores de 18 anos tenham contas em redes sem a anuência de pais ou responsáveis.

Chugunova Anastasia/Shutterstock

Entretanto, em vez da proibição, especialistas apontam para a importância da educação digital.

O objetivo deve ser capacitar crianças e adolescentes para lidarem com a poluição informacional das redes: diferenciar textos opinativos de noticiosos, investigar a veracidade das informações, produzir conteúdos com responsabilidade, proteger a privacidade, reconhecer abusos e buscar ajuda, quando necessário.

Assim, busca-se a redução dos potenciais efeitos nocivos das *fake news*, do discurso de ódio, da superexposição e do *cyberbullying* — que podem gerar ou agravar transtornos mentais.

No Brasil, o Congresso discute uma regulamentação das redes repleta de dispositivos controversos, enquanto a Base Nacional Comum Curricular (BNCC) já recomenda o chamado letramento midiático. Falta capacitar professores e colocar a orientação em prática.

Pela disseminação recente e pelas mudanças provocadas, é natural que o uso das redes sociais gere preocupação e até medo. Mas o conhecimento obtido pela ciência e pela educação é a forma mais sensata de lidar com as adversidades.

editoriais@grupofolha.com.br

(*Folha de S.Paulo*, 26/5/2023, A1. Disponível em: https://www1.folha.uol.com.br/opiniao/2023/05/redes-de-risco.shtml. Acesso em: 28/6/2023.)

1. Quem é o locutor, ou seja, o responsável pelo texto? A quem se destina o editorial lido?

2. Uma das características dos editoriais é a atualidade do tema de que tratam, ou seja, assuntos do momento, quase sempre polêmicos.

    a) Qual é o tema do editorial?

    b) Em que parágrafo o tema é apresentado?

    c) Troque ideias com os colegas e o professor e responda: O assunto é polêmico? Por quê?

Unidade 1 — 41

3. O editorial, assim como o artigo de opinião, geralmente se constitui de três partes essenciais: **introdução**, **desenvolvimento** e **conclusão**. Na introdução são apresentados o assunto e a ideia principal (ou tese), defendida pelo jornal ou revista, isto é, o ponto de vista do veículo de comunicação sobre o tema. O desenvolvimento é composto de parágrafos que fundamentam a ideia principal com argumentos. A conclusão, na maioria das vezes, é formulada no último parágrafo do texto.

   a) Releia o título, o subtítulo e os dois parágrafos iniciais do texto. Qual é a principal ideia ou tese defendida pelo jornal? Onde ela aparece?

   b) Qual é a função do 1º parágrafo no texto em estudo?

4. A voz de Vivek Murthy é citada no editorial.

   a) Quem é Vivek Murthy e por que citá-lo é relevante no contexto?

   b) Sua voz é citada por meio do discurso direto ou indireto? De que maneira ela é introduzida no editorial?

   Retrato oficial de Vivek Murthy, em 2022.

5. O desenvolvimento do editorial ocorre do 3º ao 9º parágrafo do texto.

   a) Qual é o principal argumento apresentado no 3º parágrafo?

b) Há uma ressalva no 3º parágrafo. Identifique-a.

c) Qual é a relação do 4º parágrafo com o anterior?

6. Você estudou alguns tipos de argumento no capítulo 1 sobre o artigo de opinião. Associe os trechos indicados a seguir ao tipo de argumento por eles representado:

   I. argumento por exemplificação
   II. argumento de autoridade
   III. argumento de causa e consequência
   IV. argumento de princípio

   ☐ "[...] busca-se a redução dos potenciais efeitos nocivos das *fake news*, do discurso de ódio, da superexposição e do *cyberbullying* — que podem gerar ou agravar transtornos mentais."

   ☐ "O objetivo deve ser capacitar crianças e adolescentes para lidarem com a poluição informacional das redes [...]."

   ☐ "Na quarta (24), o médico e secretário de Saúde dos EUA, Vivek Murthy, emitiu um alerta sobre os riscos dessas mídias. O relatório afirma que, apesar de a ciência ainda não ter alcançado consenso a respeito, há fortes indícios de que elas possam prejudicar a saúde física e mental dos mais jovens."

   ☐ "Em março, Utah proibiu que menores de 18 anos tenham contas em redes sem a anuência de pais ou responsáveis."

7. O 6º parágrafo instaura uma contraposição, que é desenvolvida no 7º e no 8º.

   a) Qual é essa contraposição?

   b) Que expressão introduz a contraposição?

c) Entre as opções a seguir, identifique a função dessa contraposição no parágrafo.

☐ Reclamar do que foi dito anteriormente.

☐ Opor-se ao que foi dito anteriormente.

☐ Reforçar o que foi dito anteriormente.

8. A parte final do artigo apresenta uma ideia que, na perspectiva do texto, pode ser vista como solução para o problema apontado.

a) Qual é a solução?

_____
_____

b) Qual seria o objetivo dessa solução?

_____
_____
_____
_____

9. No 9º parágrafo, há uma crítica e um apelo por parte do editorial.

a) Qual é a crítica? Justifique sua resposta com uma palavra do texto.

_____
_____

b) Qual é o apelo?

_____
_____
_____

10. A conclusão dos editoriais geralmente aparece no(s) último(s) parágrafo(s) e costuma apresentar uma síntese das ideias expostas, uma sugestão ou uma proposta, acompanhada de um comentário de apoio ou de uma crítica a respeito do assunto abordado. Releia a conclusão do editorial em estudo e responda:

a) De que tipo ela é?

_____
_____

b) Identifique, no parágrafo de conclusão, a palavra que instaura uma oposição, bem como as ideias que são contrapostas.

c) Qual das ideias indicadas por você no item **b** corresponde ao posicionamento defendido no editorial? Justifique sua resposta com termos ou expressões do texto.

11. Uma vez que expressa o ponto de vista de um jornal ou revista, e não o de uma pessoa especificamente, o editorial tende à impessoalidade, ou seja, tende a abordar o tema de modo distanciado, sem que o autor se coloque diretamente no texto.

Observe os verbos e os pronomes empregados no editorial lido e depois responda:

a) Que pessoa gramatical predomina no emprego de verbos e pronomes: a 1ª ou a 3ª pessoa? O uso dessa pessoa confere um tom pessoal ou impessoal à linguagem?

b) Predominantemente, em que tempo estão as formas verbais? Que relação esse tempo verbal tem com o tema em discussão?

c) Identifique formas verbais conjugadas em tempos diferentes do que você indicou no item **b**. Em seguida, troque ideias com os colegas e o professor e responda: Qual é a função desses outros tempos verbais no contexto em que foram empregados?

_____

_____

_____

_____

12. Observe a linguagem do texto.

a) Ele está escrito de acordo com a norma-padrão da língua?

_____

b) A linguagem adotada é mais formal ou mais informal?

_____

13. Com a orientação do professor, reúna-se com os colegas para preencher o quadro com as características básicas do editorial.

Editorial: construção e recursos expressivos	
Quem são os interlocutores do editorial?	
Qual é o objetivo do editorial?	
Qual é o suporte ou o veículo do editorial?	
Quais são os temas abordados no editorial?	
Como é a estrutura do editorial?	
Como se caracteriza a linguagem do editorial?	

AGORA É A SUA VEZ

Ao final desta unidade, você e os colegas vão produzir uma revista temática sobre **Redes sociais e inteligência artificial**.

Neste capítulo, você leu um editorial e analisou como um veículo de comunicação se posiciona por meio desse gênero.

Agora, em grupo, você e os colegas vão escrever coletivamente editoriais para compor a revista. Para isso, leiam os textos a seguir.

Texto 1

Quando se trata da disseminação de *fake news* e de minar a crença na objetividade, a tecnologia se provou um combustível altamente inflamável. Cada vez mais nos damos conta do lado sombrio do que foi imaginado, a princípio, como um catalisador de inovação e de mudanças.

Tim Berners-Lee, que em 1989 elaborou uma proposta para o que viria a ser a World Wide Web, imaginou um sistema de informação universal, conectando pessoas que compartilham informações para além das fronteiras da linguagem e da posição geográfica. O resultado seria uma explosão de criatividade e a solução de problemas sem precedentes. Uma espécie de versão benevolente da biblioteca infinita de Borges, onde tudo [pode] existir, mas também pode ser recuperado e colocado em uso prático e imaginativo.

[...]

As pessoas cada vez mais se dão conta de que a mesma web que democratizou informações, que forçou (alguns) governos a serem mais transparentes e que permitiu a todos, de dissidentes políticos a cientistas e médicos, se conectarem uns aos outros tem um lado sinistro que agentes mal-intencionados podem explorar facilmente para espalhar informações errôneas e desinformação, crueldade e preconceito. A possibilidade do anonimato na web incitou uma ausência nociva de responsabilidade e facilitou a atuação de intimidadores e *trolls*. Empresas gigantes do Vale do Silício coletaram dados de usuários numa escala que rivaliza com a da Agência de Segurança Nacional. E a explosão do uso da internet também amplificou muitas das dinâmicas já em curso na cultura contemporânea: desde o egocentrismo das gerações do "eu" e da "*selfie*" até o isolamento das pessoas em bolhas ideológicas e a relativização da verdade.

O enorme volume de dados na web permite que as pessoas selecionem cuidadosamente fatos, factoides ou não fatos que apoiem seu ponto de vista, encorajando tanto acadêmicos como amadores a encontrar material para apoiar suas teorias, em vez de examinar evidências empíricas para chegar a conclusões racionais. Como escreveu Nicholas Carr, ex-editor executivo da *Harvard Business Review*, em *A geração superficial: o que a internet está fazendo com os nossos cérebros*: "Nós não vemos a floresta quando pesquisamos na web. Nem mesmo vemos as árvores. Vemos galhos e folhas".

Na web, onde cliques são tudo e entretenimento e notícias estão cada vez mais misturados, o material sensacionalista, bizarro ou revoltante sobe para o topo, com posts que apelam cinicamente para a parte rudimentar de nossos cérebros — para emoções primitivas como medo, ódio e raiva.

[...]

Enquanto a confiança do público na imprensa diminuía no novo milênio (parte de uma desconfiança crescente em instituições e *gatekeepers*, bem como de um esforço orquestrado da direita para desacreditar a grande imprensa), mais pessoas começaram a receber suas notícias por Facebook, Twitter e outras fontes on-line: em 2017, dois terços dos norte-americanos disseram receber pelo menos parte de suas notícias pelas redes sociais. Essa dependência do *feed* de familiares, de amigos, do Facebook e do Twitter para se informar, no entanto, alimentaria o monstro voraz das *fake news*.

(Michiko Kakutani. *A morte da verdade*. São Paulo: Intrínseca, 2018. p. 149-153.)

Texto 2

IA — INTELIGÊNCIA ARTIFICIAL
Marco legal, definições e limites no Brasil

CONTEXTO
A inteligência artificial (IA) é uma realidade no Brasil. Serviços de atendimento por voz, *chat* e outros dispositivos de mensagem já se baseiam em aplicações de IA – isso apenas para falar de uma funcionalidade que está presente no nosso dia a dia.

NOVIDADE
Aprovada em Brasília a proposta de um Marco Legal para a Inteligência Artificial no país. Ele define fundamentos e princípios para o desenvolvimento e a aplicação da inteligência artificial, além de prever diretrizes para o fomento e a atuação do poder público sobre o tema.

PARA OS USUÁRIOS
Também define direitos dos usuários dos sistemas de inteligência artificial. Entre eles, é preciso ter "a ciência da instituição que é responsável pelo sistema, o direito de acesso a informações claras e adequadas a respeito dos critérios e dos procedimentos utilizados pelo sistema".

PENSANDO NO FUTURO
O mundo inteiro já despertou para a importância estratégica do desenvolvimento de uma política sobre inteligência artificial. Parte importante desse processo é assegurar a confiança e a ética neste meio. E o Brasil dá um passo certo ao fazer a discussão de regras claras antes de avançarmos neste universo.

(Adaptado de: https://www.acate.com.br/blog-da-acate/inteligencia-artificial-marco-legal-definicoes-e-limites-no-brasil/. Acesso em: 14/5/2023.)

Texto 3

(Disponível em: https://m.facebook.com/chargeinteligente/photos/a.104483568246734/137372734957817/. Acesso em: 14/5/2023.)

Como o editorial é um texto que retrata a opinião de um veículo jornalístico, e não a de um indivíduo, a proposta é que vocês produzam editoriais em grupo. Para isso, devem chegar a um consenso sobre o posicionamento dos integrantes do grupo a respeito de uma das questões polêmicas propostas a seguir:

- Redes sociais: democracia da informação ou alienação?
- Inteligência artificial e imprensa: qual é o papel e a importância do jornalismo na atualidade?
- Inteligência artificial: riscos e benefícios
- Pós-verdade e *fake news*: por que acreditamos em qualquer notícia veiculada pela internet? Como combater isso?
- Internet e as possibilidades de ação social: é viável utilizar a rede para a criatividade e a benevolência?
- Responsabilidade de governos e políticos em tempos de redes sociais e inteligência artificial

Utilizem as informações estudadas durante a unidade e pesquisem mais detalhes do assunto. Debatam em grupo o tema escolhido, definam a tese que vão defender e elaborem o editorial.

Planejamento do texto

- Tenham em mente os leitores de seu texto: alunos, funcionários e professores da escola, familiares, amigos.
- Discutam e decidam qual será a tese defendida pelo grupo e anotem-na.
- Selecionem argumentos para apoiar o ponto de vista do grupo.
- Selecionem dados, informações, fatos, trechos de textos e exemplos que possam fundamentar os argumentos.
- Pensem no tipo de conclusão que pretendem desenvolver.

Escrita

- Apresentem a tese ou ideia principal do texto no 1º ou no 2º parágrafo, deixando claro o ponto de vista do grupo sobre o tema.
- Desenvolvam os argumentos nos parágrafos subsequentes. Façam uso de comparações, de argumentos de autoridade, de relações de causa e consequência e de dados estatísticos, se possível. De preferência, cada argumento deve corresponder a um parágrafo. Por exemplo, se escolherem dois bons argumentos, desenvolvam-nos em dois parágrafos; se escolherem três argumentos, desenvolvam-nos em três parágrafos.
- Apresentem a conclusão no último parágrafo.
- Adotem uma linguagem objetiva e impessoal, com verbos e pronomes em 3ª pessoa e tempos verbais predominantemente no presente do indicativo.
- Empreguem uma variedade de acordo com a norma-padrão.
- Deem um título atraente ao editorial.

Revisão e reescrita

Antes de finalizar o editorial, releiam-no, observando se ele:

- expressa com clareza a opinião do grupo a respeito do tema abordado;
- é persuasivo, ou seja, é capaz de convencer o leitor usando argumentos consistentes;
- apresenta uma ideia principal, parágrafos em que essa ideia é desenvolvida e uma conclusão coerente com o desenvolvimento do texto como um todo;
- contém uma linguagem clara, impessoal, de acordo com a norma-padrão e adequada ao perfil dos leitores;
- tem um título atraente.

Realizem as alterações necessárias e deixem o texto pronto para fazer parte da revista da turma.

Para escrever com COESÃO

Continuidade e progressão textual

Você já pensou no que faz um texto "caminhar", isto é, desenvolver-se? Como é que as partes novas se articulam com as partes já escritas? O desenvolvimento de um texto está diretamente relacionado a dois princípios básicos da textualidade, que você vai examinar nesta seção: a continuidade e a progressão. Leia o texto a seguir.

O futebol no feminino

As confusões de gênero que levaram "a" lateral direita a ser ocupada "pelo" lateral-direito

Por Leo Ricino

Jogadoras no aquecimento antes do Amistoso Internacional Feminino 2019 entre Brasil e Escócia, na Espanha.

Muitos dos termos do futebol (se não todos) vieram do inglês e foram se adaptando ao português. Houve tempo em que a falta cometida com a mão se chamava *hands*, escanteio era *corner*, goleiro era *goalkeeper*, etc. Felizmente, foi-se impondo um lento e inexorável aportuguesamento.

Todavia, aí começa uma nova confusão: os nomes das posições, geralmente femininos, começam a chocar com o elemento masculino que as preenche. Assim, a lateral direita é ocupada pelo lateral-direito; a lateral esquerda, pelo lateral-esquerdo, e assim sucessivamente. Como o substantivo "lateral" é genericamente neutro, o adjetivo que o acompanha pode facilmente ganhar a forma masculina ou feminina.

Aliás, esses dois substantivos compostos, "lateral-direito" e "lateral-esquerdo", não aparecem no *Volp* (Vocabulário Ortográfico da Língua Portuguesa, relação oficial das palavras de nossa língua), nem no *Houaiss*, no *Aurélio* ou no *Dicionário Escolar da Língua Portuguesa*, da Academia Brasileira de Letras. Só aparecem no *Aulete*.

Meia

Já o arremesso lateral, a reposição de bola em jogo com as mãos numa das laterais do campo, quando reduzido ao adjetivo substantivado, ficou "o lateral", por influência de "arremesso". Essa substantivação de adjetivos não é estranha à língua: o *Persicum malum* (maçã da Pérsia) virou o saboroso "pêssego", por evolução do adjetivo "pérsico". Os protestantes evangélicos viraram só "evangélicos", etc.

Outro caso curioso, aponta Silveira Bueno em *Gramática Normativa da Língua Portuguesa*, que acaba de ter a 20ª edição lançada pela editora Global, é o de *asinus burrus*, tipo de asno que se caracterizava pela cor vermelha. O povo começou a omitir o substantivo *asinus* e a usar o adjetivo, *burrus*, que se substantivou, e todos os asnos viraram "burros". O que faz com que, metafórica e indelicadamente, tanto faz chamar alguém de asno ou burro. Dá no mesmo.

Marta, que joga como atacante, foi eleita a melhor jogadora do mundo por seis vezes.

Em relação à "meia-direita" e à "meia-esquerda" (que, curiosamente, aparecem no *Volp* e nos dicionários, ao contrário de "lateral-esquerdo" e "lateral-direito"), posição entre o lado esquerdo e o direito e o centro do ataque, a coisa muda de figura, já que o substantivo "meio", por terminar em vogal, é mais suscetível a gênero. Ora, quando o povo criou as palavras para essas duas posições, intuiu a concordância com a palavra "posição", e "meio" passou a ser "meia", substantivo com o qual os adjetivos "direita" e "esquerda" concordaram.

[...]

(Revista *Língua Portuguesa*, n. 105, p. 46.)

1. Nos textos, geralmente há palavras ou expressões responsáveis pela **continuidade**, ou seja, pela retomada de palavras ou ideias expressas anteriormente. O texto lido trata de termos empregados no futebol e sua relação com o gênero das palavras. No 1º parágrafo:

a) que expressão tem ligação com a exemplificação constituída por palavras inglesas?

b) o autor vê como positivo o aportuguesamento de palavras inglesas empregadas no âmbito do futebol? Que palavra do texto explicita o ponto de vista do autor quanto a essa adaptação?

2. Para que um texto apresente textualidade, não basta haver nele a retomada de elementos já expressos. É necessário que a retomada leve ao acréscimo de novas informações e a uma ampliação das ideias, o que se chama **progressão**. No 2º parágrafo do texto lido:

a) que palavra retoma e situa a ideia apresentada no parágrafo anterior?

b) qual é a relação de oposição quanto ao que foi expresso antes?

c) Que palavra introduz essa oposição?

_____

3. Há, no 2º parágrafo, um período iniciado por **assim** e outro iniciado por **como**. Que ideias essas palavras acrescentam ao parágrafo?

_____

_____

4. No 3º parágrafo, uma nova informação, do tipo curiosidade, dá continuidade ao texto.

a) Qual é essa informação?

_____

_____

_____

b) Que palavra introduz esse acréscimo feito ao texto?

_____

5. No texto lido, aspectos mencionados em certos parágrafos ou em certos trechos são retomados e ampliados em parágrafos ou trechos seguintes. Associe as colunas, indicando o aspecto que cada trecho indicado retoma ou acrescenta no texto. Para isso, volte ao texto e releia os parágrafos em que estão situados os trechos.

a) "Em relação à 'meia-direita' [...] gênero" (6º parágrafo) — ☐ Apresentação de um caso diferente do mencionado anteriormente.

b) "Já o arremesso lateral [...] 'arremesso'" (4º parágrafo) — ☐ Justificativa, com base na evolução da língua para uma expressão.

c) "Essa substantivação [...] língua" (4º parágrafo) — ☐ Exemplificação por meio da citação de outro caso ocorrido na evolução da língua.

d) "Outro caso curioso [...] vermelha" (5º parágrafo) — ☐ Retomada do princípio exemplificado para fazer referência a outro caso.

6. O autor do texto comenta que os substantivos compostos **lateral-direito** e **lateral-esquerdo** não constam dos principais dicionários brasileiros, ao contrário de **meia-direita** e **meia-esquerda**. E, em certo momento, faz referência ao papel do povo na criação de palavras, ao afirmar: "quando o povo criou as palavras para essas duas posições". Que relação há entre a presença ou ausência de palavras novas nos dicionários e a renovação que ocorre constantemente na língua?

_____

_____

_____

OFICINA DE CRIAÇÃO

Projeto » Redes sociais e inteligência artificial em revista

Nesta unidade, você e os colegas produziram artigos de opinião e editoriais para construir a revista temática da turma sobre redes sociais e inteligência artificial no mundo atual. Neste capítulo, vamos organizar o material produzido e montar a publicação final.

Há, a seguir, algumas orientações para a montagem da revista, cujo título pode ser **Redes sociais e inteligência artificial em revista** ou outro que prefiram. Os leitores serão professores e funcionários da escola, colegas de turma e da escola, amigos e familiares.

1. Montando a revista

- Reúnam todo o material produzido nesta unidade: os artigos de opinião e os editoriais.

- Decidam como vão organizar o material: se vão optar por montar um caderno impresso a ser distribuído na escola, se haverá uma versão digital que poderá ser acessada *on-line*, se farão um número ou vários números da revista, com textos diferentes em cada um, etc.

- Decidam como os textos serão organizados: primeiramente os editoriais, seguidos dos artigos de opinião, cada um em um conjunto, ou se preferem intercalar os gêneros, juntando, por exemplo, textos dos mesmos autores ou grupos.

- Conversem com o professor de Informática e vejam a possibilidade de formatar os textos de vocês em uma revista digital, que pode ser disponibilizada no *site* da escola, se houver, ou em algum *blog* criado pela turma para esse fim. Caso não seja possível fazer uma revista digital, vocês mesmos podem publicar os artigos de opinião e os editoriais como postagens de *blog*.

- Diagramem o material em um formato jornalístico, isto é, disponham os textos em colunas, intercalados com as imagens (que podem ser, por exemplo, as fotos dos autores dos textos, ilustrações feitas por alunos da turma ou, ainda, imagens pesquisadas, acompanhadas da devida fonte), usem nos títulos letras de tamanho grande, explorem recursos como negrito, itálico, maiúsculas, etc.

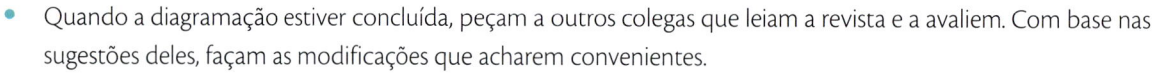

- Quando a diagramação estiver concluída, peçam a outros colegas que leiam a revista e a avaliem. Com base nas sugestões deles, façam as modificações que acharem convenientes.

- Definam como a publicação será confeccionada: se vão montar tudo digitalmente ou se vão fazer de forma artesanal, por meio de colagem; se vão imprimir em gráfica ou na escola, etc.

2. Divulgando a revista

- Finalizada a revista, vocês podem organizar um evento de lançamento, a ser realizado em um dia e em um horário especiais, exclusivos para isso, ou em horário de aula. Nesse evento, vocês farão a primeira divulgação, lançando a revista que produziram.
- Convidem familiares, funcionários, alunos e professores da escola para conhecerem o trabalho realizado.
- Escolham um porta-voz para fazer uma fala breve, contando como foi o processo de produção e qual é o objetivo principal de vocês com a publicação.
- No dia do lançamento, vocês também podem promover uma roda de conversa ou uma mesa-redonda sobre um dos temas estudados e pesquisados durante a unidade.

3. Disponibilizando a revista para leitura

- Após o lançamento, combinem com os colegas e o professor o melhor meio de disponibilização da revista, tendo em vista o formato escolhido por vocês: se há número suficiente para distribuí-la ou se será necessária uma divisão, caso haja poucos ou apenas um exemplar. Por exemplo, em um primeiro momento, vocês podem revezar entre si, levando-a para casa, a fim de mostrá-la a amigos e familiares; depois, podem deixá-la disponível para leitura em alguma sala de espera na recepção da escola, na biblioteca, no balcão da secretaria, etc.
- Divulguem o endereço da versão digital da revista para que um maior número de pessoas possa ler e comentar os textos de vocês.

UNIDADE 2

Histórias de família

Esta unidade de ensino contempla:

13 habilidades da BNCC
Habilidades dos campos de atuação na vida pública, artístico-literário e jornalístico-midiático, com foco na criação de contos.

2 gêneros textuais
Conto e conto contemporâneo.

2 recursos: Para escrever com expressividade
O discurso indireto livre; a descrição.

63 atividades: compreensão, interpretação, oralidade e escrita
Diversas atividades individuais e em grupo; propostas de produção de contos, dando continuidade a narrativas já existentes ou criando contos autorais.

Projeto: Oficina de Criação
Participar com os colegas da criação de um livro ou de um *blog* com os contos produzidos pela turma e da organização de uma mostra desses textos para toda a comunidade escolar.

Se o conto tem por característica a brevidade (o romance, por definição, seria mais longo) e a presença de uma só trama (o romance admitiria enredos acessórios e acontecimentos paralelos), tudo o que está num conto é suficiente e necessário [...].

A dificuldade é encontrar a medida justa entre o que contar e o que ocultar, sem que se menospreze ou subestime o leitor e, muito menos, sem deixar à mostra esse delicado trabalho de elaboração.

Ao fim de um bom conto — e os bons finais tendem a ser imprevisíveis mas inevitáveis —, o impulso é de voltar ao início para rever o que era apenas sugestão.

[...]

Cíntia Moscovich, escritora e jornalista. (Disponível em: https://www1.folha.uol.com.br/ilustrissima/2018/09/e-essencial-que-contos-parecam-ter-sido-feitos-sem-esforco-diz-escritora.shtml.)

FIQUE LIGADO! Pesquise!

Peixe grande e suas histórias maravilhosas e A lenda do cavaleiro sem cabeça, de Tim Burton; Mentiras piedosas, de Diego Sabanés; A cartomante, de Wagner Assis e Pablo Uranga; O conto dos contos, de Matteo Garrone; Capitão Phillips, de Paul Greengrass; 12 anos de escravidão, de Steve McQueen; Anna Karenina, de Joe Wright; trilogia O Hobbit, de Peter Jackson; Minhas tardes com Margueritte, de Jean Becker; Forrest Gump — O contador de histórias, de Robert Zemeckis; A causa secreta, de Sérgio Bianchi; Pequenas histórias, de Helvécio Ratton; O curioso caso de Benjamin Button, de David Fincher.

Os cem menores contos brasileiros do século, organização de Marcelino Freire (Ateliê); Os cem melhores contos brasileiros do século, seleção de Italo Moriconi (Objetiva); De repente adolescente — Antologia de contos, vários autores (Seguinte); Os 100 melhores contos de crime e mistério da literatura universal e Os 100 melhores contos de humor da literatura universal, organização de Flávio Moreira da Costa (Ediouro); Antologia escolar de contos brasileiros, organização de Herberto Sales (Ediouro); Contos brasileiros contemporâneos, organização de Julieta de Godoy Ladeira (Salamandra); Terra sonâmbula, de Mia Couto (Companhia das Letras); Nós — Uma antologia de literatura indígena, organização de Mauricio Negro (Companhia das Letrinhas); coleção Quem Conta um Conto, volume 6, de Ignácio de Loyola Brandão e outros (Atual); coleção Para Gostar de Ler, volumes 8, 9, 10 e 11 (Ática); Teoria do conto, de Nádia Battella Gotlib (Ática).

- http://machado.mec.gov.br/obra-completa-lista/itemlist/category/24-conto
- http://homoliteratus.com/links-100-melhores-contos-da-literatura-universal/
- https://contobrasileiro.com.br/
- https://box.novaescola.org.br/etapa/1/educacao-infantil/caixa/75/14-contos-brasileiros-para-todas-as-idades

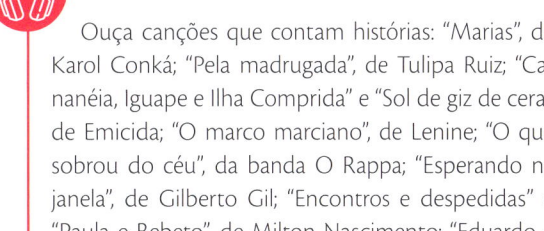

Ouça canções que contam histórias: "Marias", de Karol Conká; "Pela madrugada", de Tulipa Ruiz; "Cananéia, Iguape e Ilha Comprida" e "Sol de giz de cera", de Emicida; "O marco marciano", de Lenine; "O que sobrou do céu", da banda O Rappa; "Esperando na janela", de Gilberto Gil; "Encontros e despedidas" e "Paula e Bebeto", de Milton Nascimento; "Eduardo e Mônica", da banda Legião Urbana.

FIQUE LIGADO! Escreva!

Leia este texto:

Separação

Só os cabides em cima da cama.

(Noé Ribeiro. *Tudo é outra coisa*. São Paulo: Estúdio Editores, 2021. p. 45.)

O autor do texto escreveu um **microconto** ou **nanoconto**: contou uma história em pouquíssimas palavras, com o máximo de concisão. A exemplo do escritor, crie você também um nanoconto. Dê a ele um título e depois leia-o para os colegas.

DE OLHO NO GÊNERO

É provável que você já tenha tido contato com diferentes tipos de conto: o conto maravilhoso, o conto de enigma ou policial, o conto de mistério, ou simplesmente o conto. Como o próprio nome sugere, esse gênero está intimamente ligado à necessidade do ser humano de contar histórias, de imaginar e fantasiar, de se transportar para outros tempos e lugares.

Que tal conhecer um pouco mais esse gênero? Escolha um livro ou uma antologia de contos, de autor brasileiro ou estrangeiro, selecione um conto e leia-o.

No dia combinado com o professor, leve o livro para a sala de aula e troque com os colegas impressões e experiências de leitura. Depois conte para a turma como é o conto que você leu e comente se gostou dele ou não, por quê, etc.

Leia também os textos a seguir.

O livro *A cartomante e outros contos* (Moderna) reúne 12 contos de Machado de Assis.

Conto: aproximando as pessoas

Pessoas reunidas ao redor de uma fogueira, ou de uma mesa na sala de jantar, ou numa biblioteca... Pronto! Eis a condição necessária e suficiente para alguém começar a contar uma história.

Fatos se misturam à fantasia e à imaginação do contador e dos ouvintes, dando origem a novas histórias, que se renovam a cada vez que são contadas.

O conto origina-se assim; vem, portanto, da necessidade humana de reinventar o mundo com palavras. Nascido na tradição oral, o conto atravessa os séculos e chega ao século XXI. Está hoje nos livros, nos jornais e nas revistas, na TV, no cinema, no teatro e na internet. Mais vivo do que nunca, o conto existe para ser contado, para ser ouvido, lido, visto, navegado.

O conto no tempo

É difícil dizer com precisão quando nasceu o conto. Com certeza, a arte de contar histórias é anterior ao surgimento da escrita. Para alguns, os contos egípcios, reunidos em *Os contos dos mágicos*, de 4000 a.C., são a mais antiga expressão do gênero de que se tem notícia. Mas, seguramente, foi *As mil e uma noites*, que surgiu entre os séculos XII e XIV, que popularizou em todo o mundo a arte de contar histórias curtas. Os conhecidos contos "Aladim e a lâmpada maravilhosa" e "Ali Babá e os 40 ladrões", por exemplo, fazem parte desse livro.

Ilustração inspirada no livro *As mil e uma noites*.

No século XIV, os contos ganharam o registro escrito. Ao longo do tempo, muitos escritores cultivaram o conto, contribuindo para que ele se firmasse como gênero. Entre eles estão Boccaccio, Cervantes, La Fontaine, Edgar Allan Poe, Tchekhov, Machado de Assis e, mais recentemente, Julio Cortázar, Guimarães Rosa, Clarice Lispector, Lygia Fagundes Telles e Dalton Trevisan.

O conto foi sendo modificado para expressar a cultura de diferentes épocas e partes do mundo. No geral, o que todo conto apresenta é um trabalho com a linguagem para conseguir contar uma história com concisão e conquistar o leitor.

Capa do livro *Sagarana*, de Guimarães Rosa, um dos principais contistas brasileiros do século XX.

Capa do livro *Sem vista para o mar*, de Carol Rodrigues, premiada contista brasileira contemporânea.

OFICINA DE CRIAÇÃO

Projeto » De conto em conto

No final da unidade, você e os colegas vão participar da produção de um livro ou de um *blog* com os contos produzidos pela turma e, depois, da montagem de uma mostra de contos. Para isso, ao longo da unidade, vocês desenvolverão várias atividades relacionadas com o gênero conto.

CAPÍTULO 1

O conto (I)

O GÊNERO EM FOCO

Leia este conto de Graciliano Ramos.

Um cinturão

As minhas primeiras relações com a justiça foram dolorosas e deixaram-me funda impressão. Eu devia ter quatro ou cinco anos, por aí, e figurei na qualidade de réu. Certamente já me haviam feito representar esse papel, mas ninguém me dera a entender que se tratava de julgamento. Batiam-me porque podiam bater-me, e isto era natural.

Os golpes que recebi antes do caso do cinturão, puramente físicos, desapareciam quando findava a dor. Certa vez minha mãe surrou-me com uma corda **nodosa** que me pintou as costas de manchas sangrentas. Moído, virando a cabeça com dificuldade, eu distinguia nas costelas grandes **lanhos** vermelhos. Deitaram-me, enrolaram-me em panos molhados com água de sal — e houve uma discussão na família. Minha avó, que nos visitava, condenou o procedimento da filha e esta afligiu-se. Irritada, ferira-me à toa, sem querer. Não guardei ódio a minha mãe: o culpado era o nó. Se não fosse ele, a **flagelação** me haveria causado menor estrago. E estaria esquecida. A história do cinturão, que veio pouco depois, avivou-a.

Meu pai dormia na rede, armada na sala enorme. Tudo é nebuloso. Paredes extraordinariamente afastadas, rede infinita, os armadores longe, e meu pai acordando, levantando-se de mau humor, batendo com os chinelos no chão, a cara enferrujada. Naturalmente não me lembro da ferrugem, das rugas, da voz áspera, do tempo que ele consumiu rosnando uma exigência. Sei que estava bastante zangado, e isto me trouxe a covardia habitual. Desejei vê-lo dirigir-se a minha mãe e a José Baía, pessoas grandes, que não levavam pancada. Tentei ansiosamente fixar-me nessa esperança frágil. A força de meu pai encontraria resistência e gastar-se-ia em palavras.

Débil e ignorante, incapaz de conversa ou defesa, fui encolher-me num canto, para lá dos caixões verdes. Se o pavor não me segurasse, tentaria escapulir-me: pela porta da frente chegaria ao açude, pela do corredor acharia o pé do **turco**. Devo ter pensado nisso, imóvel, atrás dos caixões. Só queria que minha mãe, sinhá Leopoldina, Amaro e José Baía surgissem de repente, me livrassem daquele perigo.

Ninguém veio, meu pai me descobriu acocorado e sem fôlego, colado ao muro, e arrancou-me dali violentamente, reclamando um cinturão. Onde estava o cinturão? Eu não sabia, mas era difícil explicar-me: atrapalhava-me, gaguejava, embrutecido, sem atinar com o motivo da raiva. Os modos brutais, coléricos, atavam-me; os sons duros morriam, desprovidos de significação.

Não consigo reproduzir toda a cena. Juntando vagas lembranças dela a fatos que se deram depois, imagino os berros de meu pai, a zanga terrível, a minha tremura infeliz. Provavelmente fui sacudido. O assombro gelava-me o sangue, escancarava-me os olhos.

Onde estava o cinturão? Impossível responder. Ainda que tivesse escondido o infame objeto, emudeceria, tão apavorado me achava. Situações deste gênero constituíram as maiores torturas da minha infância, e as consequências delas me acompanharam.

O homem não me perguntava se eu tinha guardado a miserável correia: ordenava que a entregasse imediatamente. Os seus gritos me entravam na cabeça, nunca ninguém se esgoelou de semelhante maneira.

Onde estava o cinturão? Hoje não posso ouvir uma pessoa falar alto. O coração bate-me forte, desanima, como se fosse parar, a voz emperra, a vista escurece, uma cólera doida agita coisas adormecidas cá dentro. A horrível sensação de que me furam os tímpanos com pontas de ferro.

Onde estava o cinturão? A pergunta repisada ficou-me na lembrança: parece que foi pregada a martelo.

A fúria louca ia aumentar, causar-me sério desgosto. Conservar-me-ia ali desmaiado, encolhido, movendo os dedos frios, os beiços trêmulos e silenciosos. Se o moleque José ou um cachorro entrasse na sala, talvez as pancadas se transferissem. O moleque e os cachorros eram inocentes, mas não se tratava disto. Responsabilizando qualquer deles, meu pai me esqueceria, deixar-me-ia fugir, esconder-me na beira do açude ou no quintal.

Minha mãe, José Baía, Amaro, sinhá Leopoldina, o moleque e os cachorros da fazenda abandonaram-me. Aperto na garganta, a casa a girar, o meu corpo a cair lento, voando, abelhas de todos os cortiços enchendo-me os ouvidos — e, nesse zumzum, a pergunta medonha. Náusea, sono. Onde estava o cinturão? Dormir muito, atrás de caixões, livre do martírio.

Havia uma neblina, e não percebi direito os movimentos de meu pai. Não o vi aproximar-se do torno e pegar o chicote. A mão cabeluda prendeu-me, arrastou-me para o meio da sala, a folha de couro fustigou-me as costas. Uivos, alarido inútil, **estertor**. Já então eu devia saber que gogos e adulações **exasperavam** o **algoz**. Nenhum socorro. José Baía, meu amigo, era um pobre-diabo.

Achava-me num deserto. A casa escura, triste; as pessoas tristes. Penso com horror nesse ermo, recordo-me de cemitérios e de ruínas mal-assombradas. Cerravam-se as portas e as janelas, do teto negro pendiam teias de aranha. Nos quartos lúgubres minha irmãzinha engatinhava, começava a aprendizagem dolorosa.

Junto de mim, um homem furioso, segurando-me um braço, açoitando-me. Talvez as **vergastadas** não fossem muito fortes: comparadas ao que senti depois, quando me ensinaram a carta de A B C, valiam pouco. Certamente o meu choro, os saltos, as tentativas para rodopiar na sala como **carrapeta** eram menos um sinal de dor que a explosão do medo reprimido. Estivera sem **bulir**, quase sem respirar. Agora esvaziava os pulmões, movia-me num desespero.

O suplício durou bastante, mas, por muito prolongado que tenha sido, não igualava a mortificação da fase preparatória: o olho duro a magnetizar-me, os gestos ameaçadores, a voz rouca a mastigar uma interrogação incompreensível.

Solto, fui enroscar-me perto dos caixões, coçar as pisaduras, engolir soluços, gemer baixinho e embalar-me com os gemidos. Antes de adormecer, cansado, vi meu pai dirigir-se à rede, afastar as varandas, sentar-se e logo se levantar, agarrando uma tira de sola, o maldito cinturão, a que desprendera a fivela quando se deitara. Resmungou e entrou a passear agitado. Tive a impressão de que ia falar-me: baixou a cabeça, a cara enrugada serenou, os olhos esmoreceram, procuraram o refúgio onde me abatia, aniquilado.

Pareceu-me que a figura imponente minguava — e a minha desgraça diminuiu. Se meu pai se tivesse chegado a mim, eu o teria recebido sem o arrepio que a presença dele sempre me deu. Não se aproximou: conservou-se longe, rondando, inquieto. Depois se afastou.

Sozinho, vi-o de novo cruel e forte, soprando, espumando. E ali permaneci, miúdo, insignificante, tão insignificante e miúdo como as aranhas que trabalhavam na telha negra.

Foi esse o primeiro contato que tive com a justiça.

(In: Italo Moriconi (org.). *Os cem melhores contos brasileiros do século*. Rio de Janeiro: Objetiva, 2001. p. 144-146.)

---

algoz: carrasco, executor da pena.
bulir: mover-se, deslocar-se, agitar-se.
carrapeta: pequeno pião que gira a partir da pressão feita pela ponta dos dedos.
estertor: respiração ruidosa.
exasperar: irritar, enfurecer.

flagelação: açoitamento, tortura física ou moral.
lanho: ferimento, marca de açoite na pele.
nodoso: cheio de nó.
turco: espécie de arbusto da região da caatinga do Nordeste brasileiro.
vergastada: golpe que lembra uma chicotada.

1. Observe como se posiciona o narrador no conto.

   a) A narração é feita em 1ª pessoa ou em 3ª pessoa? Justifique sua resposta.

   _____
   _____
   _____
   _____
   _____

   b) Em relação ao modo como o narrador se posiciona diante dos fatos que narra, marque o item que caracteriza melhor o procedimento adotado no conto lido.

   ☐ O narrador se posiciona como criança, que narra o que lhe acontece no momento da ocorrência dos fatos.

   ☐ O narrador, durante toda a narração, vê os fatos com a visão crítica do adulto, distanciado pelo tempo.

   ☐ O narrador mistura perspectivas, ora captando a atmosfera da situação com o olhar ingênuo da criança, ora com a visão crítica do adulto.

2. O narrador faz referência a outras situações em que provavelmente figurou na mesma condição.

   a) Nessas ocasiões, qual era o comportamento dos pais do narrador em relação a ele?

   _____
   _____
   _____

   b) Por que, entretanto, esse episódio com o pai foi o mais doloroso para o narrador e lhe deixou uma "funda impressão"?

   _____
   _____
   _____
   _____

Quem foi Graciliano Ramos

Graciliano Ramos (1892-1953) nasceu em Quebrangulo, Alagoas. Foi contista e romancista e denunciou em suas obras os problemas sociais da região Nordeste decorrentes da seca, do coronelismo e do latifúndio. Durante o governo de Getúlio Vargas, foi preso, acusado de ser simpatizante do Partido Comunista. Escreveu várias obras, entre elas *Vidas secas*, a mais conhecida, *São Bernardo*, *Memórias do cárcere* e *Infância*.

O conto "Um cinturão" integra o livro de contos *Infância*, no qual o escritor mistura elementos biográficos com elementos ficcionais.

Unidade 2 — 63

3. Ao longo da história, o narrador emprega algumas expressões que conotam certa vagueza ou imprecisão como "Eu devia ter quatro ou cinco anos", "não me lembro da ferrugem", "Devo ter pensado nisso", "Juntando vagas lembranças", "Havia uma neblina".

A que se deve o emprego de expressões como essas no texto? Que sentido é construído com elas?

_____
_____
_____
_____

4. O trecho "Paredes extraordinariamente afastadas, rede infinita, os armadores longe, e meu pai acordando, levantando-se de mau humor" mostra a perspectiva da criança ou do narrador adulto? Justifique sua resposta.

_____
_____
_____
_____

5. O desaparecimento do cinturão do pai do narrador motivou a cena de violência descrita no conto.

a) O que mais impressionava a criança nessa cena? Justifique sua resposta com um trecho do texto.

_____
_____
_____
_____

b) Considerando o trecho "Eu não sabia, mas era difícil explicar-me: atrapalhava-me, gaguejava, embrutecido, sem atinar com o motivo da raiva", responda: O que explica a incapacidade do menino de se comunicar com o pai nesse momento?

_____
_____
_____
_____

6. Observe o modo como o narrador se refere ao pai nestes trechos:

- "O homem não me perguntava se eu tinha guardado a miserável correia"
- "Junto de mim, um homem furioso, segurando-me um braço, açoitando-me."

Considerando a gravidade da cena, que efeito de sentido é criado pelo emprego da palavra **homem**, nesses trechos, em vez de **pai**?

_____
_____
_____

7. Pelo texto, depreende-se que, além do narrador e de seu pai e sua mãe, viviam na casa José Baía, Amaro, sinhá Leopoldina, o "moleque" e a irmã menor.

a) Qual foi a reação dos demais membros da casa no momento da surra? Levante hipóteses: Por que agiram assim?

_____
_____
_____
_____
_____

b) Interprete o trecho a seguir, levando em conta a relação entre o pai do narrador e os demais habitantes da casa:

"Achava-me num deserto. A casa escura, triste; as pessoas tristes. [...] Nos quartos lúgubres minha irmãzinha engatinhava, começava a aprendizagem dolorosa."

_____
_____
_____
_____
_____
_____

Unidade 2 — 65

8. Releia estes trechos do conto:

> • "Situações deste gênero constituíram as maiores torturas da minha infância, e as consequências delas me acompanharam."
>
> • "Hoje não posso ouvir uma pessoa falar alto. O coração bate-me forte, desanima, como se fosse parar, a voz emperra, a vista escurece"

Na avaliação do narrador, que consequências essa experiência na infância traz para o homem adulto?

_____
_____
_____
_____

9. No trecho "Talvez as vergastadas não fossem muito fortes: comparadas ao que senti depois, quando me ensinaram a carta de A B C, valiam pouco", o narrador compara a surra que levara do pai ao que sentiu quando lhe "ensinaram a carta de A B C", ou seja, quando foi alfabetizado. Levante hipóteses: Por que a alfabetização do narrador poderia ter sido tão dolorida e traumatizante?

_____
_____
_____
_____
_____

10. O texto apresenta um final surpreendente, que acentua ainda mais o caráter dramático do conto.

a) Afinal, onde estava o cinturão?

_____
_____

b) Por que, ao perceber onde estava o cinto, o pai do narrador agiu de forma fria e distanciada?

_____
_____
_____
_____
_____

11. O conto se inicia com a frase "As minhas primeiras relações com a justiça foram dolorosas [...]" e termina com a frase "Foi esse o primeiro contato que tive com a justiça".

a) Que palavras do conto remetem a situação vivida pelo narrador ao campo semântico criminal? Que contribuição essas palavras dão para a construção da história e para a caracterização psicológica dos personagens?

b) Levante hipóteses: Partindo dessa experiência da infância, que visão da justiça o narrador levou para a fase adulta?

12. Diferentemente da crônica, que costuma abordar personagens e fatos do cotidiano de modo exterior ou social, o conto geralmente apresenta uma dimensão interior e psicológica mais aprofundada. Isso se verifica no conto em estudo? Justifique sua resposta.

13. O conto geralmente apresenta diálogos, em discurso direto ou indireto. O conto lido, entretanto, não apresenta diálogos. Interprete: Que relação esse dado pode ter com a dimensão psicológica do texto, observada na questão anterior, e com o sentido mais geral do texto?

Conflito: a mola-mestra na narrativa

Em Clichy, um mendigo de setenta anos, Verniot, morreu. Dois mil francos estavam escondidos em seu colchão.

Esse texto apresenta uma história completa, pois tem os elementos fundamentais de uma narrativa (fatos, personagens, lugar, tempo). Entretanto, é um texto comum, não atrai o leitor, porque falta nele algo inquietante, que causa surpresa. Em outras palavras, falta nele o conflito. O conflito é qualquer elemento da história que se opõe a outro, criando uma tensão que organiza os fatos narrados e, consequentemente, prende a atenção do leitor ou do ouvinte.

Leia a seguir a mesma história, agora com o conflito:

Em Clichy, um mendigo de setenta anos, Verniot, morreu de fome. Dois mil francos estavam escondidos em seu colchão. Contudo, não devemos generalizar.

(Félix Fénéon. *In*: Luzia de Maria R. Reis. *O que é conto*. São Paulo: Brasiliense, 1984. p. 27.)

Note que, na nova versão, o mendigo morreu de fome. Esse dado novo traz novos sentidos para a narrativa, pois permite imaginar um conjunto de elementos relacionados ao fato de ele ter dinheiro, mas morrer de fome: por que guardava dinheiro, se tinha ou não ciência do dinheiro guardado, qual era sua história pessoal, como ocorreu a morte dele, etc.

14. O título do conto é "Um cinturão", e não "O cinturão". Troque ideias com os colegas: Que sentido o emprego do artigo indefinido **um** atribui ao título? Que diferença de sentido haveria se fosse "O cinturão"?

_____
_____
_____
_____

15. Em geral, o conto apresenta tempo e espaço relativamente reduzidos.

a) Em que lugar ocorrem os fatos?

_____
_____

b) Levante hipóteses: Quanto tempo se passa do início ao fim da história?

_____
_____

c) Além do tempo dos fatos ocorridos, há no conto o tempo histórico. É possível precisá-lo no texto? Por quê?

_____
_____
_____
_____

16. Você já aprendeu, no 6º ano, a estrutura clássica do conto. Recorde como ela é lendo o boxe na p. 69. Nos contos modernos, como o de Graciliano Ramos, os autores nem sempre seguem à risca essa estrutura.

Troque ideias com o professor e os colegas, discutindo até que ponto o conto lido segue a estrutura convencional, e identifique principalmente os itens a seguir:

a) a situação inicial

_____

b) o conflito

_____
_____

c) o clímax

d) desfecho

17. Observe a linguagem do conto lido.

a) Que tipo de variedade linguística foi empregada?

b) Que tempos verbais predominam?

> ### Estrutura clássica dos contos
>
> As narrativas de estrutura clássica costumam apresentar os fatos da história nesta sequência:
>
> - **Situação inicial:** apresentação dos personagens no início da história — quem são, o que fazem, como vivem, etc.
>
> - **Aparecimento do conflito:** é o "problema" (dificuldade, desejo ou ideal) que desestabiliza a situação inicial e leva os personagens à ação, a fim de resolver o conflito.
>
> - **Ação:** é a parte que reúne os principais fatos da história. Apresenta três subpartes, que podem estar menos ou mais explícitas:
>   - **Início da ação:** os personagens iniciam uma tentativa de resolver o conflito.
>   - **Clímax da ação:** momento em que o conflito chega ao ponto máximo.
>   - **Declínio da ação:** momento posterior à resolução do conflito.
>
> - **Desfecho:** momento posterior à ação, em que os personagens voltam à situação inicial do conto.

18. Com a orientação do professor, reúna-se com os colegas para preencher o quadro a seguir com as características básicas do conto.

Conto: construção e recursos expressivos	
Quem são os interlocutores do conto?	
Qual é o objetivo do conto?	
Qual é o suporte ou o veículo do conto?	
Quais são os temas abordados no conto?	
Como é a estrutura do conto?	
Como se caracteriza a linguagem do conto?	

AGORA É A SUA VEZ

Como você já sabe, ao final desta unidade, você e os colegas vão participar da mostra **De conto em conto**, na qual vão fazer o lançamento de um livro ou de um *blog* com os contos da turma. Vamos, então, produzir o primeiro conto para a mostra. Escolha uma das propostas a seguir.

Proposta 1

Leia a introdução de três contos de escritores brasileiros. Escolha um deles e dê continuidade à narrativa.

Texto 1

Não, não deste último carnaval. Mas não sei por que este me transportou para a minha infância e para as quartas-feiras de cinzas nas ruas mortas onde esvoaçavam despojos de serpentina e confete. Uma ou outra beata com um véu cobrindo a cabeça ia à igreja, atravessando a rua tão extremamente vazia que se segue ao carnaval. Até que viesse o outro ano. E quando a festa ia se aproximando, como explicar a agitação íntima que me tomava? Como se enfim o mundo se abrisse de botão que era em grande rosa escarlate. Como se as ruas e praças do Recife enfim explicassem para que tinham sido feitas. Como se vozes humanas enfim cantassem a capacidade de prazer que era secreta em mim. Carnaval era meu, meu.

No entanto, na realidade, eu dele pouco participava.

(Clarice Lispector. Restos do carnaval. *In: Felicidade clandestina*. São Paulo: Rocco, 2020. p. 16.)

Texto 2

SEGUNDA, 24 DE JUNHO

5 dias para a apresentação

— Bia, vem aqui rapidinho? — chamou Larissa, a professora de português do oitavo ano, fazendo Bianca erguer a cabeça na hora.

O coração acelerou.

A sala estava silenciosa, então a voz da professora ecoou pelo lugar. Os colegas olharam para Bia, curiosos, antes de voltarem a se concentrar na redação que faziam. Mas a garota sabia que parte da atenção deles permanecia nela, todos atentos para entreouvir a conversa.

Ela olhou para o papel ainda em branco e inspirou fundo, tentando controlar o nervosismo. Sabia exatamente sobre o que a professora queria conversar. Parte dela ficava feliz pela preocupação, mas, no fundo, preferia continuar invisível.

(Clara Alves. Eu estou aqui. *In: De repente adolescente: antologia de contos*. São Paulo: Seguinte, 2021. s/p.)

Texto 3

Eu havia desembarcado em Arraial do Cabo com a intenção de romper o ano num lugar tranquilo. Longe daquela loucura que era Copacabana, onde muitos de meus amigos planejavam passar a virada. Era o primeiro fim de ano ao lado de Nanda. Estava completamente apaixonado. Esperava que a viagem nos unisse ainda mais, proporcionando experiências impossíveis para nossa vida universitária no **Fundão**. O lugar era lindo e vibrante. Muito distante do nosso passado recente de trabalho atrás de trabalho, xerox atrás de xerox, cobrança, falta de tempo, ansiedade.

Fundão: modo como é chamada a Universidade Federal do Rio de Janeiro.

(Geovani Martins. A viagem. In: *O sol na cabeça*. São Paulo: Companhia das Letras, 2018. p. 59.)

Proposta 2

Escreva um conto sobre o tema que preferir. Você poderá criar livremente os personagens e situá-los no tempo e no espaço que julgar mais adequados. Para isso, leia as orientações a seguir.

Planejamento do texto

- Tenha em mente que seu conto será lido por colegas, professores, familiares e amigos, pois ele fará parte de um livro ou de um *blog* que a turma vai produzir e expor na mostra **De conto em conto**, realizada no capítulo **Oficina de Criação** desta unidade.

- Imagine primeiramente quem são os personagens do conto, quando e onde eles vivem. Depois, pense nas relações entre eles e o que poderia gerar um conflito, ou seja, um problema cuja solução justifique contar a história.

- Planeje a organização dos fatos, estruturando o enredo em partes (introdução, conflito, clímax e desfecho) ou encontrando uma maneira de subverter essa estrutura. No caso de você ter escolhido um dos três contos sugeridos na proposta 1, a introdução já está feita.

- Pense em como prender a atenção do leitor: construindo um clima de suspense, trabalhando descrições detalhadas e atraentes, utilizando figuras de linguagem, etc.

- Analise de que forma se pode resolver o conflito e como concluir a história: com um final feliz, trágico, surpreendente, "em aberto", etc.

- Decida o ponto de vista que vai adotar para narrar a história: se em 1ª ou em 3ª pessoa.

Escrita

- Inicie a narrativa situando os personagens em determinados tempo e lugar.

- Crie falas para os personagens e reproduza sua voz por meio do discurso direto ou do discurso indireto.

- Desenvolva o enredo, criando o conflito a ser resolvido.

- Atribua emoções, sentimentos e pensamentos aos personagens.

- Elabore o clímax da história, ou seja, o momento de maior tensão.

- Empregue uma variedade de acordo com a norma-padrão da língua ou outra, dependendo do perfil do narrador e dos personagens.

> **Conto e relato**
>
> "[...] o contar não é simplesmente um relatar de acontecimentos ou ações. Pois relatar implica que o acontecido seja trazido outra vez, isto é: *re* (outra vez) mais *latum* (trazido) [...]. Por vezes é trazido outra vez por alguém que ou foi testemunha ou teve notícia do acontecido.
>
> O conto, no entanto, não se refere só ao acontecido. Não tem compromisso com o evento real. Nele, realidade e ficção não têm limites precisos. Um relato, copia-se; um conto, inventa-se [...]"
>
> (Nádia Battella Gotlib. *Teoria do conto*. 5. ed. São Paulo: Ática, 1990. p. 12.)

Revisão e reescrita

Antes de finalizar seu conto, observe se:

- ele é uma narrativa ficcional curta;

- apresenta poucos personagens, poucas ações, tempo e espaço bem reduzidos;

- os personagens são mais densos e aprofundados psicologicamente do que na crônica;

- o enredo está estruturado em introdução, conflito, clímax e desfecho ou se subverte intencionalmente essa estrutura;

- a narrativa consegue atrair a atenção do leitor e surpreendê-lo em algum momento;

- a linguagem empregada está de acordo com a norma-padrão ou com o perfil do narrador e dos personagens.

Faça as alterações necessárias, passe o texto a limpo e troque-o com um colega, a fim de que um leia e comente o que o outro escreveu. Se julgar conveniente, faça novas alterações e guarde seu conto para publicá-lo no livro ou no *blog* que a turma montará no final da unidade.

Para escrever com EXPRESSIVIDADE

O discurso indireto livre

Você já aprendeu que um texto narrativo ficcional pode apresentar diferentes vozes e que o discurso direto e o discurso indireto são alguns dos procedimentos utilizados pelo narrador para inserir no texto o discurso dos personagens.

Releia este trecho do conto estudado neste capítulo:

"Minha mãe, José Baía, Amaro, sinhá Leopoldina, o moleque e os cachorros da fazenda abandonaram-me. Aperto na garganta, a casa a girar, o meu corpo a cair lento, voando, abelhas de todos os cortiços enchendo-me os ouvidos — e, nesse zumzum, a pergunta medonha. Náusea, sono. Onde estava o cinturão? Dormir muito, atrás de caixões, livre do martírio."

1. No trecho, é possível identificar mais de uma voz. Reconheça nele:

   a) a voz do narrador adulto;

   b) a voz do pai do narrador;

   c) pensamentos do narrador quando menino.

2. Há, no texto:

   a) travessões para indicar, em discurso direto, a fala dos personagens?

   b) verbos *dicendi* para indicar, em discurso indireto, o que o personagem estava falando ou pensando?

c) mudança no tempo verbal em alguma das falas dos personagens? Se sim, qual?

_____
_____
_____
_____

No trecho lido, você viu que Graciliano Ramos manipulou com perfeição as vozes dos discursos envolvidos. Por um lado, a voz do narrador adulto, descrevendo a cena de violência. Por outro, a voz insistente do pai perguntando pelo cinturão. E, por outro, os pensamentos da criança, que desejava que tudo acabasse logo para que pudesse dormir.

Capa do livro *Infância*, de Graciliano Ramos.

Note que, para inserir a voz do pai e os pensamentos da criança, o narrador não empregou verbos *dicendi* (**falou**, **gritou**, **pensou**, etc.), nem conectivos (**que**, **se**, **onde**), nem sinais de pontuação (**dois-pontos**, **aspas**), como é habitual no discurso direto e no indireto. A única marca de discurso indireto nesse trecho é o emprego da forma verbal **estava**, já que a forma usada no discurso direto é **está**.

A essa forma de inserir a voz dos personagens no discurso do narrador, chamamos **discurso indireto livre** ou **discurso semi-indireto**. Trata-se de um recurso utilizado por alguns escritores na ficção moderna quando se deseja captar o mundo interior dos personagens. Graciliano Ramos, José Lins do Rego, Guimarães Rosa, entre outros, são considerados mestres na técnica do discurso indireto livre.

Compare os três tipos de discurso:

- **discurso direto:** A criança pensou: "Quero dormir muito atrás de caixões e ficar livre do martírio".
- **discurso indireto:** A criança pensou que queria dormir muito atrás de caixões e ficar livre do martírio.
- **discurso indireto livre:** Dormir muito, atrás de caixões, livre do martírio.

EXERCÍCIOS

Leia um trecho do conto "Feliz aniversário", de Clarice Lispector, em que uma família se reúne para comemorar o aniversário de 89 anos da matriarca.

Em breve as fatias eram distribuídas pelos pratinhos, num silêncio cheio de rebuliço. As crianças pequenas, com a boca escondida pela mesa e os olhos ao nível desta, acompanhavam a distribuição com muda intensidade. As passas rolavam do bolo entre farelos secos. As crianças angustiadas viam se desperdiçarem as passas, acompanhavam atentas a queda.

E quando forem ver, não é que a aniversariante já estava devorando o seu último bocado?

E por assim dizer a festa estava terminada.

[...]

Eles se mexiam agitados, rindo, a sua família. E ela era a mãe de todos. E se de repente não se ergueu, como um morto se levanta devagar e obriga mudez e terror aos vivos, a aniversariante ficou mais dura na cadeira, e mais alta. Ela era a mãe de todos. E como a presilha a sufocasse, ela era a mãe de todos e, impotente à cadeira, desprezava-os. E olhava-os piscando. Todos aqueles seus filhos e netos

e bisnetos que não passavam de carne de seu joelho, pensou de repente como se cuspisse. Rodrigo, o neto de sete anos, era o único a ser a carne de seu coração, Rodrigo, com aquela carinha dura, viril e despenteada. Cadê Rodrigo? Rodrigo com olhar sonolento e intumescido naquela cabecinha ardente, confusa. Aquele seria um homem. Mas, piscando, ela olhava os outros, a aniversariante. Oh o desprezo pela vida que falhava. Como?! como tendo sido tão forte pudera dar à luz aqueles seres opacos, com braços moles e rostos ansiosos? Ela, a forte, que casara em hora e tempo devidos com um bom homem a quem, obediente e independente, ela respeitara; a quem respeitara e que lhe fizera filhos e lhe pagara os partos e lhe honrara os resguardos. O tronco fora bom. Mas dera aqueles azedos e infelizes frutos, sem capacidade sequer para uma boa alegria. Como pudera ela dar à luz aqueles seres risonhos, fracos, sem austeridade? O rancor roncava no seu peito vazio. [...] Olhou-os com sua cólera de velha. Pareciam ratos se acotovelando, a sua família. Incoercível, virou a cabeça e com força insuspeita cuspiu no chão.

(*In*: Benjamin Moser (org.). *Todos os contos — Clarice Lispector*. Rio de Janeiro: Rocco, 2016. p. 184-185.)

1. Releia o último parágrafo do trecho e responda:

   a) Identifique um trecho em que foi utilizado o discurso direto.

   _____

   _____

   _____

   _____

   b) Qual recurso foi utilizado para marcar o trecho como discurso direto?

   _____

   _____

2. Releia os seguintes trechos do texto, observando neles a presença de mais de um discurso: o do narrador e o da personagem.

> "Rodrigo, o neto de sete anos, era o único a ser a carne de seu coração, Rodrigo, com aquela carinha dura, viril e despenteada. Cadê Rodrigo? Rodrigo com olhar sonolento e intumescido naquela cabecinha ardente, confusa. Aquele seria um homem. Mas, piscando, ela olhava os outros, a aniversariante. Oh o desprezo pela vida que falhava. Como?! como tendo sido tão forte pudera dar à luz aqueles seres opacos, com braços moles e rostos ansiosos? Ela, a forte, que casara em hora e tempo devidos com um bom homem a quem, obediente e independente, ela respeitara; a quem respeitara e que lhe fizera filhos e lhe pagara os partos e lhe honrara os resguardos. O tronco fora bom. Mas dera aqueles azedos e infelizes frutos, sem capacidade sequer para uma boa alegria. Como pudera ela dar à luz aqueles seres risonhos, fracos, sem austeridade?"

a) Identifique e sublinhe trechos que podem ser atribuídos ao narrador.

b) Identifique e reproduza trechos que podem ser atribuídos à personagem.

_____
_____
_____
_____
_____

c) Assinale a alternativa que caracteriza o conteúdo dos trechos atribuídos à personagem:

☐ descrições do espaço e das pessoas

☐ sentimentos, questionamentos e avaliações sobre as pessoas da família

☐ lembranças do passado

3. Sobre os trechos atribuídos à personagem:

a) Como eles estão formalmente marcados no texto?

_____

b) Eles são introduzidos pela conjunção **que** ou **se** ou por verbos *dicendi* (**dizer**, **falar**, **comentar**)?

_____

c) Conclua: As falas dos personagens são, predominantemente, introduzidas por meio de qual tipo de discurso: direto, indireto ou indireto livre?

_____

4. A escolha de um ou outro tipo de discurso nos gêneros narrativos ficcionais está vinculada ao sentido que se pretende construir. No trecho lido, que efeito de sentido é criado pelo uso do discurso indireto livre?

_____
_____
_____

5. Leia o texto a seguir, de Fernando Sabino:

> O carro começou a ratear. Levei-o ao Pepe, ali na oficina da Rua Francisco Otaviano:
> — Pepe, o carro está rateando.
> Pepe piscou um olho:
> — Entupimento na tubulação. Só pode ser.
> Deixei o carro lá. À tarde fui buscar.
> — Eu não dizia? Defeito na bomba de gasolina.
> — Você dizia entupimento na tubulação.
> — Botei um diafragma novo, mudei as válvulas.
> Estendeu-se a conta: de meter medo. Mas paguei.
> — O carro não vai me deixar na mão? Tenho de fazer uma viagem.
> — Pode ir sem susto, que agora está o fino.
>
> (A quem tiver carro. In: *Elenco de cronistas modernos*. 12. ed. Rio de Janeiro: José Olympio, 1992. p. 86.)

Reescreva o texto, transformando, na maior parte das situações, o discurso direto em indireto. Em algumas situações, tente empregar o discurso indireto livre.

_____
_____
_____
_____
_____
_____
_____

DE OLHO NA AGENDA 2030 DA ONU

Redução das desigualdades

A Agenda 2030 da Organização das Nações Unidas (ONU), criada em 2015, é um plano de ação elaborado por líderes de diversos países para promover uma vida digna e erradicar desigualdades sociais. Ela estabelece, em âmbito global, 17 Objetivos de Desenvolvimento Sustentável (ODS), a fim de que a sociedade trilhe um caminho sustentável, buscando a concretização dos direitos humanos, a erradicação da pobreza e a promoção de uma vida digna para todos, com educação, igualdade e consciência ambiental. Como você já sabe, um desses 17 objetivos é **Redução das desigualdades**.

No conto "Um cinturão", de Graciliano Ramos, o narrador da história sofre violências constantes em sua casa durante a infância. Ele se recorda da própria casa como um lugar escuro com pessoas tristes. O menino, personagem do conto, não teve alguns de seus direitos como criança respeitados.

Maus-tratos, falta de educação de qualidade e falta de acesso a saneamento básico, saúde, moradia e alimentação são alguns fatores relacionados à desigualdade social, que afeta grupos de diferentes maneiras. A desigualdade social é um problema que ocorre quando algumas pessoas têm acesso a mais recursos e oportunidades do que outras. De acordo com o relatório da ONU no Brasil, as desigualdades sociais começam na infância, que é uma etapa crucial para o desenvolvimento humano.

Há no Brasil uma lei que protege as crianças e os adolescentes: o *Estatuto da Criança e do Adolescente* (ECA). Leia um trecho do ECA:

> Art. 3º A criança e o adolescente gozam de todos os direitos fundamentais inerentes à pessoa humana, sem prejuízo da proteção integral de que trata esta Lei, assegurando-se-lhes, por lei ou por outros meios, todas as oportunidades e facilidades, a fim de lhes facultar o desenvolvimento físico, mental, moral, espiritual e social, em condições de liberdade e de dignidade.

Parágrafo único. Os direitos enunciados nesta Lei aplicam-se a todas as crianças e adolescentes, sem discriminação de nascimento, situação familiar, idade, sexo, raça, etnia ou cor, religião ou crença, deficiência, condição pessoal de desenvolvimento e aprendizagem, condição econômica, ambiente social, região e local de moradia ou outra condição que diferencie as pessoas, as famílias ou a comunidade em que vivem. (incluído pela Lei nº 13.257, de 2016)

Art. 4º É dever da família, da comunidade, da sociedade em geral e do poder público assegurar, com absoluta prioridade, a efetivação dos direitos referentes à vida, à saúde, à alimentação, à educação, ao esporte, ao lazer, à profissionalização, à cultura, à dignidade, ao respeito, à liberdade e à convivência familiar e comunitária.

[...]

Art. 5º Nenhuma criança ou adolescente será objeto de qualquer forma de negligência, discriminação, exploração, violência, crueldade e opressão, punido na forma da lei qualquer atentado, por ação ou omissão, aos seus direitos fundamentais.

(Disponível em: https://www.gov.br/mdh/pt-br/navegue-por-temas/crianca-e-adolescente/publicacoes/eca-2023.pdf. Acesso em: 31/5/2023.)

Leia e pesquise mais informações sobre o ECA e a proteção das crianças e dos adolescentes. Você também pode assistir aos documentários "O começo da vida" e "O começo da vida 2" (disponíveis em: https://ocomecodavida.com.br/. Acesso em: 31/5/2023).

O começo da vida

Depois, inspirado na pesquisa e na importância da infância, pense em contextos nos quais as crianças tenham seus direitos garantidos e possam usufruir de educação, saúde, lazer, moradia, cuidados familiares e da comunidade, e escreva um miniconto ou nanoconto, gênero que você conheceu na abertura desta unidade. O conflito do texto pode estar ligado a questões da infância: medos próprios dessa fase, aventuras de criança, novidades na família, uma viagem ou um brinquedo desejado, etc.

Com a orientação do professor, você e os colegas podem fazer uma grande roda de conversa para compartilhar oralmente os textos produzidos e trocar ideias sobre a importância da redução das desigualdades.

CAPÍTULO 2

O conto (II)

O GÊNERO EM FOCO

Leia este conto de Lygia Fagundes Telles.

História de passarinho

Um ano depois os moradores do bairro ainda se lembravam do homem de cabelo ruivo que enlouqueceu e sumiu de casa.

Ele era um santo, disse a mulher levantando os braços. E as pessoas em redor não perguntaram nada e nem era preciso perguntar o que se todos já sabiam que era um bom homem que de repente abandonou casa, emprego no cartório, o filho único, tudo. E se mandou Deus sabe para onde.

Só pode ter enlouquecido, sussurrou a mulher, e as pessoas tinham que se aproximar inclinando a cabeça para ouvir melhor. Mas de uma coisa estou certa, tudo começou com aquele passarinho, começou com o passarinho. Que o homem ruivo não sabia se era um canário ou um pintassilgo, Ô! Pai, caçoava o filho, que raio de passarinho é esse que você foi arrumar?!

O homem ruivo introduzia o dedo entre as grades da gaiola e ficava acariciando a cabeça do passarinho que por essa época era um filhote todo arrepiado, escassa a plumagem amarelo-pálido com algumas peninhas de um cinza-claro.

Não sei, filho, deve ter caído de algum ninho, peguei ele na rua, não sei que passarinho é esse.

O menino masca va chicle. Você não sabe nada mesmo, Pai, nem marca de carro, [...] nem marca de passarinho, você não sabe nada.

Em verdade, o homem ruivo sabia bem poucas coisas. Mas de uma coisa ele estava certo, é que naquele instante gostaria de estar em qualquer parte do mundo, mas em qualquer parte mesmo, menos ali. Mais tarde, quando o passarinho cresceu, o homem ruivo ficou sabendo também o quanto ambos se pareciam, o passarinho e ele.

Ai! o canto desse passarinho, resmungava a mulher, Você quer mesmo me atormentar, Velho. O menino esticava os beiços [...]: Bicho mais chato, Pai. Solta ele.

Antes de sair para o trabalho o homem ruivo costumava ficar algum tempo olhando o passarinho que desatava a cantar, as asas trêmulas ligeiramente abertas, ora pousando num pé, ora noutro e cantando como se não pudesse parar nunca mais. O homem então enfiava a ponta do dedo entre as grades, era a despedida e o passarinho, emudecido, vinha meio encolhido oferecer-lhe a cabeça para a carícia. Enquanto o homem se afastava, o passarinho se atirava meio às cegas contra as grades, fugir, fugir! Algumas vezes, o homem assistiu a essas tentativas que deixavam o passarinho tão cansado, o peito palpitante, o bico ferido. Eu sei, você quer ir embora, você quer ir embora mas não pode ir, lá fora é diferente e agora é tarde demais.

A mulher punha-se então a falar e falava uns cinquenta minutos sobre as coisas todas que quisera ter e que o homem ruivo não lhe dera, não esquecer aquela viagem para Pocinhos do Rio Verde e o Trem Prateado descendo pela noite até o mar. Esse mar que se não fosse o Pai (que Deus o tenha!) ela jamais teria conhecido porque […] se casara com um homem que não prestava para nada, Não sei mesmo onde estava com a cabeça quando me casei com você, Velho.

Ele continuava com o livro aberto no peito, gostava muito de ler. Quando a mulher baixava o tom de voz, ainda furiosa (mas sem saber mais a razão de tanta fúria), o homem ruivo fechava o livro e ia conversar com o passarinho que se punha tão manso que se abrisse a portinhola poderia colhê-lo na palma da mão. Decorridos os cinquenta minutos das queixas, e como ele não respondia mesmo, ela se calava exausta. Puxava-o pela manga, afetuosa: Vai, Velho, o café está esfriando, nunca pensei que nesta idade eu fosse trabalhar tanto assim. O homem ia tomar o café. Numa dessas vezes, esqueceu de fechar a portinhola e quando voltou com o pano preto para cobrir a gaiola (era noite) a gaiola estava vazia. Ele então sentou-se no degrau de pedra da escada e ali ficou pela madrugada, fixo na escuridão. Quando amanheceu, o gato da vizinha desceu o muro, aproximou-se da escada onde estava o homem ruivo e ficou ali estirado, a se espreguiçar sonolento de tão feliz. Por entre o pelo negro do gato desprendeu-se uma pequenina pena amarelo-acinzentada que o vento delicadamente fez voar. O homem inclinou-se para colher a pena entre o polegar e o indicador. Mas não disse nada, nem mesmo quando o menino que presenciara a cena desatou a rir, Passarinho mais besta! Fugiu e acabou aí, na boca do gato.

Calmamente, sem a menor pressa o homem ruivo guardou a pena no bolso do casaco e levantou-se com uma expressão tão estranha que o menino parou de rir para ficar olhando. Repetiria depois à Mãe, Mas ele até que parecia contente, Mãe, juro que o Pai parecia contente, juro! A mulher então interrompeu o filho num sussurro, Ele ficou louco.

Quando formou-se a roda de vizinhos, o menino voltou a contar isso tudo mas não achou importante contar aquela coisa que descobriu de repente: o Pai era um homem alto, nunca tinha reparado antes como ele era alto. Não contou também que estranhou o andar do Pai, firme e reto, mas por que ele andava agora desse jeito? E repetiu o que todos já sabiam, que quando o Pai saiu, deixou o portão aberto e não olhou para trás.

(*Os contos*. São Paulo: Companhia das Letras, 2018. p. 526-528.)

Quem foi?

Lygia Fagundes Telles

Lygia Fagundes da Silva Telles (1918-2022) nasceu em São Paulo, formou-se em Direito, foi romancista, contista e membro da Academia Brasileira de Letras. É considerada uma das mais importantes escritoras brasileiras do século XX e da história da literatura brasileira. Em suas obras, Lygia tratou de temas clássicos e universais como a morte, o amor, o medo e a loucura. Entre suas principais obras estão os livros de contos *Antes do baile verde*, *Mistérios* e *Invenção e memória*, e os romances *As meninas* (que foi adaptado para o cinema) e *As horas nuas*.

1. A respeito do narrador do conto "História de passarinho", responda:

   a) Ele é um narrador-observador ou narrador-personagem?
   _____

   b) O que caracteriza esse tipo de narrador?
   _____
   _____
   _____

2. O conto se passa em um mesmo espaço. Que espaço é esse?
   _____

3. Quanto tempo, aproximadamente, se passou da chegada do passarinho à partida do pai? Qual(is) trecho(s) do texto comprova(m) sua resposta?
   _____
   _____
   _____
   _____

4. O conflito é uma oposição entre elementos da história da qual resulta uma tensão.

   a) Qual é o conflito mais evidente, explicitamente exposto, no conto lido?
   _____
   _____
   _____

   b) Qual outro conflito emerge ou é desenvolvido a partir do primeiro conflito?
   _____
   _____
   _____

5. Releia o início do texto.

   a) Qual é a primeira fala da mulher do homem ruivo sobre ele?
   _____

b) Que tipo de relação é estabelecida no conto entre essa fala e os fatos passados, anteriores à partida do homem?

6. No conto lido, há o uso do recurso do *flashback*, que consiste em voltar no tempo.

   a) Quanto tempo a narrativa volta no tempo?

   b) Quais são os dois momentos narrados no conto? Quais personagens participam de cada um deles?

7. O conto estabelece semelhanças entre o passarinho e o homem ruivo.

   a) Como era a relação da mulher e do menino com o homem ruivo e o passarinho?

   b) Que semelhança havia entre o desejo do homem ruivo e o do passarinho? Justifique com trechos do texto.

Unidade 2

8. No conto, há trechos em que podemos identificar uma introspecção psicológica do homem ruivo, ou seja, seu mundo interior: pensamentos, desejos e dúvidas. Releia este trecho:

> "Algumas vezes, o homem assistiu a essas tentativas que deixavam o passarinho tão cansado, o peito palpitante, o bico ferido. Eu sei, você quer ir embora, você quer ir embora mas não pode ir, lá fora é diferente e agora é tarde demais."

a) Identifique, no trecho, o emprego do discurso indireto livre.

_____
_____

b) Que sentimentos do personagem são revelados no trecho identificado no item **a**?

_____
_____

c) Que efeito de sentido a escolha do discurso indireto livre acrescenta à narrativa?

_____
_____
_____

9. O clímax de um conto é o momento de maior tensão da narrativa, no qual o conflito se resolve. Qual é o clímax do conto lido?

_____
_____
_____
_____
_____

10. É possível identificar dois desfechos na história: o do momento mais antigo, trazido ao conto por meio do *flashback*, e o do momento mais recente.

a) Qual é o primeiro desfecho?

_____
_____

b) Qual é o segundo desfecho?

c) No desfecho, sabemos de uma impressão do menino sobre o pai. Que impressão é essa? Levante hipóteses: O que ocasionou essa transformação do pai na percepção do filho?

d) Com base no desfecho, responda: O homem ruivo realmente enlouqueceu, como defende a mulher para justificar a partida do marido?

11. O conto "Um cinturão", de Graciliano Ramos, que você leu no capítulo 1, também narra uma história familiar. Compare os dois contos e responda: Que semelhanças e diferenças existem entre os contos quanto ao relacionamento entre pai e filho?

O tempo narrativo

Os fatos de uma narrativa relacionam-se com o tempo em três níveis.

Época em que se passa a história

A época em que se passa a história constitui o pano de fundo para o enredo. No conto "História de passarinho", a história parece ser contemporânea à época em que foi escrita, na segunda metade do século XX. Nem sempre essa coincidência acontece. Em geral, a identificação da época em que se passa a história é feita por meio da observação dos hábitos retratados e de marcas linguísticas presentes no texto.

Por exemplo, no conto de Lygia Fagundes Telles, o emprego da palavra **chicle** e o costume de encontrar os vizinhos de bairro e conversar marcam a época em que os fatos narrados se passam.

Tempo cronológico

É o tempo que transcorre na ordem natural dos fatos no enredo. Esse tempo está relacionado ao enredo linear, ou seja, à ordem em que os fatos ocorrem. Chama-se cronológico porque pode ser medido em horas, meses, anos, séculos. No conto "História de passarinho", do momento da chegada do passarinho até a partida do homem devem ter se passado alguns meses ou pouco mais de um ano, pois sabemos que o passarinho é trazido para a casa da família ainda filhote e, tempos depois, torna-se adulto.

Capa do livro *Contos da infância e da adolescência* (Ática), de Fernando Vilela.

Capa do livro *Contos africanos dos países de língua portuguesa* (Ática), de vários autores.

Capa do livro *Contos indígenas brasileiros* (Global), de Daniel Munduruku.

Tempo psicológico

É o tempo que transcorre em uma ordem determinada pela vontade, pela memória ou pela imaginação do narrador ou de um personagem. De acordo com esse tempo, os fatos podem ou não aparecer em uma ordem linear, isto é, coincidente com o tempo cronológico.

Leia um trecho do conto "Circo", de Luiz Vilela, e note como o tempo é alterado pela imaginação e pelo sonho do narrador-personagem, em seu desejo de ir ao circo recém-chegado à sua cidade:

> "Eles começaram a conversar noutra coisa, eu queria saber se Papai ia mesmo me levar no circo e perguntei e Mamãe falou: vai sim, meu filho, ele já falou que vai, agora come seu almoço — e eles continuaram a conversar e eu fiquei pensando no circo e estava tão alegre que perdi a fome, e de noite sonhei com ele, e quando foi sexta-feira de noite eu sonhei de novo, sonhei que o elefante estava brincando de correr comigo, Perereca e Marico, e depois nós três estávamos montados nele andando pela rua com todo mundo olhando pra nós admirados e falando assim: olhem os meninos!"
>
> (*Contos da infância e da adolescência*. São Paulo: Ática, 2011. p. 30.)

A técnica do *flashback*

O *flashback* é um recurso narrativo que consiste em voltar no tempo. Nas narrativas em que há tempo psicológico, é muito comum o narrador lançar mão dessa técnica. No conto "História de passarinho", há um *flashback* de um ano: os moradores do bairro, a mulher e o filho do homem ruivo se lembram dos fatos que resultaram em seu sumiço.

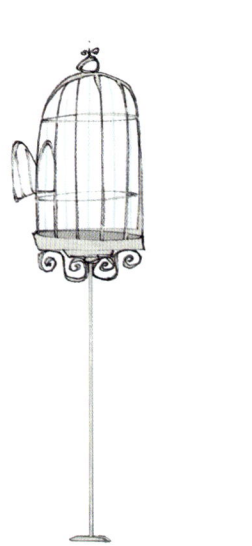

O espaço narrativo

Os fatos de uma narrativa relacionam-se com o espaço em dois níveis.

Espaço físico ou geográfico

É o lugar onde acontecem os fatos que envolvem os personagens: uma rua movimentada, uma cidade, um cinema, uma escola, o cômodo de uma casa, um barco, etc. O espaço pode ser descrito detalhadamente ou suas características podem aparecer diluídas na narração.

No conto "História de passarinho", o espaço físico é formado pela casa da família do homem ruivo e por seu entorno. Há referência a uma roda de conversa entre os moradores do bairro, que provavelmente ocorreu na calçada, mas isso não é desenvolvido.

Espaço social (ambiente)

É o espaço relativo às condições socioeconômicas, morais e psicológicas que dizem respeito aos personagens. O espaço social situa-os na época, no grupo social e nas condições em que se passa a história. Além disso, pode refletir os conflitos vividos pelos personagens ou, ainda, fornecer pistas para o desfecho.

No conto "História de passarinho", o espaço social é um bairro tranquilo, talvez do interior ou mesmo da periferia de uma capital, em que os moradores se conhecem, convivem e conversam.

AGORA É A SUA VEZ

Como já sabe, ao final desta unidade, você e os colegas vão participar da mostra **De conto em conto**, na qual vão realizar o lançamento de um livro ou de um *blog* com os contos da turma.

Vamos, então, produzir mais um conto para a mostra. Escolha uma das propostas a seguir.

Proposta 1

Escolha um dos trechos iniciais de conto a seguir. O primeiro deles é um conto moçambicano. O segundo é um conto de uma obra brasileira que reúne histórias de personagens adolescentes.

Dê continuidade à narrativa escolhida, empregando o **tempo cronológico**.

Texto 1

Era ainda menino mas chegara à idade de já poder ter um cão. E assim que soubemos, eu e o meu primo, que a cadela de nhâ Felismina tinha parido, saímos de abalada para a Achada-Grande para escolher a cria mais bonita.

Entrámos e a mulher indicou o recanto do quintal onde estava a parturiente. Fomos ver mas só restavam dois cachorros. Os outros morreram logo assim que nasceram, disse-nos nhâ Felismina por andar a cadela com o sangue fraco. Os sobreviventes mal se podiam arrastar para sugar as tetas da mãe. Ela, muito magra e **escanzelada**, também pouco se mexia. No entanto, o olhar escoava-se cheio de ternura das órbitas ossudas. A história dela era negra, negra como por vezes a dos homens.

(Teixeira de Sousa. Dragão e eu. In: *Contos africanos dos países de língua portuguesa*. São Paulo: Ática, 2009. p. 44.)

escanzelada: faminta.

Texto 2

Entrego a prova para a professora Helena morrendo de medo. Já fui aprovada nas outras matérias, mas para garantir a vaga que surpreendentemente consegui no Colégio Federal de Ensino, um dos mais difíceis de entrar do país, eu preciso passar de ano — e para isso dependo dessa última nota, de matemática. Ficar de recuperação não é uma opção, a menos que eu abra mão da viagem dos meus sonhos. Além disso, meus pais jamais perdoariam outro vacilo.

Professora Helena me lança um olhar severo. Ela não gosta dos alunos que não curtem a matéria dela, e comigo não é diferente, mesmo eu sendo filha do diretor. Isso, para falar a verdade, é um alívio, porque é um saco ser bajulada o tempo todo. O pior é que, por isso, os professores sempre esperam demais de mim. Talvez esse tenha sido o problema no ano passado: eu quis parar de tentar cumprir as expectativas dos outros e acabei chutando o balde longe demais. Fui do oito para o oitenta e deu no que dei. Esqueci dos outros e de mim mesma.

— Vai passar de ano dessa vez, Bethânia?

— Espero que sim — digo cabisbaixa. — Se a senhora não se importar, professora, poderia dar uma olhada na minha prova? Não queria passar a tarde toda ansiosa. Quero poder comemorar na formatura e aproveitar o último dia antes da viagem.

Ela me observa durante alguns segundos, considerando o pedido, e então começa a avaliar minha prova, passando de página em página, sem me dar um pingo de esperança. Assim que ela chega à última questão, volta a me encarar com seu olhar crítico.

(Luly Trigo. Segunda chance. *In*: *De repente adolescente: antologia de contos*. São Paulo: Seguinte, 2021. s/p.)

Proposta 2

Escreva um conto a partir de um fato que ocorra no presente: um encontro em uma festa, a confidência de um amigo, um brinquedo achado na rua, o som de uma música assobiada ao longe, uma árvore arrancada num jardim, um casal de namorados se beijando, um garoto ou uma garota desconhecido(a) entrando na sala de aula no primeiro dia de aula, uma fotografia antiga encontrada entre papéis velhos ou na rua, etc.

Desenvolva o enredo de seu conto de forma que lhe permita voltar ao passado, à infância, por exemplo, e, utilizando a técnica do *flashback*, contar algo que lhe tenha ocorrido àquela época. Retorne ao presente e dê um desfecho ao seu conto.

Planejamento, escrita, revisão e reescrita

Siga as orientações dadas no capítulo 1 desta unidade, páginas 71 e 72.

Para escrever com EXPRESSIVIDADE

A descrição

Releia alguns trechos do conto "História de passarinho", de Lygia Fagundes Telles, e responda às questões a seguir.

> - "O homem ruivo introduzia o dedo entre as grades da gaiola e ficava acariciando a cabeça do passarinho que por essa época era um filhote todo arrepiado, escassa a plumagem amarelo-pálido com algumas peninhas de um cinza-claro."
> - "Antes de sair para o trabalho o homem ruivo costumava ficar algum tempo olhando o passarinho que desatava a cantar, as asas trêmulas ligeiramente abertas, ora pousando num pé, ora noutro e cantando como se não pudesse parar nunca mais."
> - "Algumas vezes, o homem assistiu a essas tentativas que deixavam o passarinho tão cansado, o peito palpitante, o bico ferido."

1. O texto descreve o passarinho, as ações dele na gaiola e as interações entre o homem ruivo e a ave. De acordo com essa descrição:

    a) Como era o passarinho quando foi trazido à casa da família?

    _____
    _____

    b) Como ele ficava quando o homem ruivo o observava na gaiola?

    _____
    _____

    c) Como o passarinho ficava depois de tentar fugir?

    _____
    _____

2. O conto não apresenta o nome dos personagens nem os descreve com detalhes. Sobre o homem, quais características físicas e de personalidade são reveladas no conto?

    _____
    _____

3. Levante hipóteses: Por que o passarinho e as ações dele são descritos com mais detalhes do que os outros personagens?

    _____
    _____

4. Observe agora as formas verbais destacadas nestes trechos:

- "**era** um filhote todo arrepiado"
- "o homem ruivo **costumava** ficar algum tempo"
- "ora **pousando** num pé, ora noutro e **cantando** como se não pudesse parar nunca mais."

a) Quais dessas formas estão no pretérito imperfeito do indicativo?

b) Quais delas estão no gerúndio?

c) Qual é o efeito do uso do gerúndio no trecho?

Ao responder às questões anteriores, você notou que, por meio da descrição, conseguimos "ver" o passarinho, sua movimentação na gaiola, suas tentativas de fugir.

Diferentes gêneros textuais fazem uso da descrição: textos com instruções de montagem, reportagens, anúncios publicitários e, claro, diferentes gêneros da literatura, como o conto, a crônica e o texto teatral. Nos textos literários, a descrição torna os personagens, os lugares e os fatos mais vivos para o leitor ou ouvinte.

Para descrever, podemos empregar adjetivos (*arrepiado*, *amarelo-pálido*, *palpitante*), locuções adjetivas ("com algumas peninhas"), impressões sensitivas, como cores, sons, cheiros, gostos, sensações táteis ("cantando como se não pudesse parar nunca mais"), verbos que indicam estado (*estava*, *era*) e indicações de localização ("entre as grades da gaiola"). O gerúndio, como você viu, também pode ser usado quando se quer dar a ideia de movimento, de frequência ou de duração a determinadas ações.

EXERCÍCIOS

1. Junte-se a um ou dois colegas da turma e façam o levantamento dos aspectos próprios da descrição presentes no trecho a seguir de um romance de Machado de Assis: adjetivos e locuções adjetivas, verbos de estado, impressões sensitivas.

> Camargo era pouco simpático à primeira vista. Tinha as feições duras e frias, os olhos **perscrutadores** e sagazes, de uma sagacidade incômoda para quem encarava com eles, o que o não fazia atraente. Falava pouco e seco. Seus sentimentos não vinham à flor do rosto. Tinha todos os visíveis sinais de um grande egoísta; contudo, posto que a morte do conselheiro não lhe arrancasse uma lágrima ou uma palavra de tristeza, é certo que a sentiu deveras. Além disso, amava sobre todas as coisas e pessoas uma criatura linda — a linda Eugênia, como lhe chamava —, sua filha única

e a flor de seus olhos; mas amava-a de um amor calado e recôndito. Era difícil saber se Camargo professava algumas opiniões políticas ou nutria sentimentos religiosos. Das primeiras, se as tinha, nunca deu manifestação prática; no meio das lutas de que fora cheio o decênio anterior, conservava-se indiferente e neutral. Quanto aos sentimentos religiosos, a aferi-los pelas ações, ninguém os possuía mais puros. Era pontual no cumprimento dos deveres de bom católico. Mas só pontual; interiormente, era incrédulo.

(*Helena*. São Paulo: Ática, 1992. p. 13-14.)

perscrutador: que investiga e examina minuciosamente algo.

a) Adjetivos e locuções adjetivas:

_____
_____
_____
_____
_____

b) Verbos de estado:

_____

c) Impressões sensitivas:

_____

2. Leia, a seguir, um texto de Fernando Sabino, no qual é descrita uma mesa preparada para um jantar especial. Do texto foram suprimidos, propositalmente, adjetivos, locuções adjetivas e verbos de estado (**ser** e **estar**) em diferentes tempos verbais. Preencha as lacunas a seguir, buscando dar um sentido coerente ao texto.

    A mesa parecia até que _____ arrumada para a pessoa _____. Os pratos _____ os prediletos do marido. A macarronada quase entornava da travessa. De pernas para o ar, o frango _____ rodeado simetricamente de rodelinhas _____ _____ e tomate. O empadão tinha tiras de massa, cruzadas como uma peneira — genial invenção _____ de Dona Chiquinha. _____ um fazer água na boca.

    Ajeitou as duas cadeiras debaixo da mesa. Como o Tidinho ia _____ contente. Tinha até cerveja. Ele não bebia nunca, não se vê que ela deixava. Mas aquele dia era todo _____.

Vinte e cinco anos. Não parecia que vivia com ele tanto tempo. E no entanto... Ele, _____, já estava ficando _____, quase aposentado do cargo de subdiretor da Seção de Horticultura do Departamento Vegetal. Sim, senhor, 25 anos. O tempo voara. Parece que foi outro dia que eles se encontraram pela primeira vez. Um rapaz _____, _____... e hoje _____ daquela maneira. Quem diria. E ela? Oh, fora _____, bem que fora. Pra que negar? Tinham até posto o seu retrato na capa _____!...

(As rosas iam murchar. *In*: *Cara ou coroa*. São Paulo: Ática, 2015. p. 100.)

3. Agora é a sua vez de escrever uma sequência descritiva. Releia os contos que você escreveu no capítulo anterior e neste capítulo e escolha um deles para reescrever um trecho, fazendo uso da descrição.

4. Escreva alguns parágrafos descritivos para inseri-los em um dos contos já produzidos por você nesta unidade. Você pode descrever um personagem, o ambiente onde se passam as ações ou o momento em que elas se situam (manhã, tarde, noite), etc.

CAPÍTULO 3
O conto contemporâneo

O GÊNERO EM FOCO

Leia este conto de Dalton Trevisan.

Apelo

Amanhã faz um mês que a Senhora está longe de casa. Primeiros dias, para dizer a verdade, não senti falta, bom chegar tarde, esquecido na conversa de esquina. Não foi ausência por uma semana: o batom ainda no lenço, o prato na mesa por engano, a imagem de relance no espelho.

Com os dias, Senhora, o leite primeira vez coalhou. A notícia de sua perda veio aos poucos: a pilha de jornais ali no chão, ninguém os guardou debaixo da escada. Toda a casa era um corredor deserto, e até o canário ficou mudo. Para não dar parte de fraco, ah, Senhora, fui beber com os amigos. Uma hora da noite eles se iam e eu ficava só, sem o perdão de sua presença a todas as aflições do dia, como a última luz na varanda.

E comecei a sentir falta das pequenas brigas por causa do tempero na salada – o meu jeito de querer bem. Acaso é saudade, Senhora? Às suas violetas, na janela, não lhes poupei água e elas murcham. Não tenho botão na camisa, calço a meia furada. Que fim levou o saca-rolhas? Nenhum de nós sabe, sem a Senhora, conversar com os outros: bocas raivosas mastigando. Venha para casa, Senhora, por favor.

(In: Alfredo Bosi (org.). *O conto brasileiro contemporâneo*. São Paulo: Cultrix/Edusp, 1975. p. 189.)

1. Narrado em 1ª pessoa, o conto apresenta, no primeiro parágrafo, uma situação que envolve duas pessoas.

   a) Quem é o narrador do conto?

b) A quem ele se dirige?

c) O título do conto é "Apelo". Qual é o apelo feito no texto?

2. Ainda no primeiro parágrafo, o narrador relata como foram os dias da primeira semana sem a presença da "Senhora".

a) Como ele sentiu a ausência dela nesses dias?

b) De que forma ela ainda marcava presença na casa?

3. O segundo parágrafo relata um conjunto de fatos relacionados à ausência da "Senhora" na casa.

a) Que expressão empregada nesse parágrafo mostra que muitos outros dias se passaram?

b) De que ordem são os fatos mencionados pelo narrador? A que papel social eles estão geralmente relacionados?

Quem é Dalton Trevisan

Dalton Trevisan nasceu na cidade de Curitiba, em 14 de junho de 1925. Formou-se em Direito, no Paraná, e liderou o grupo literário que publicou, entre 1946 e 1948, a revista *Joaquim*.

É considerado um dos mais importantes contistas da atualidade e destacou-se no gênero conto com a publicação de obras como *Cemitério de elefantes*, *O vampiro de Curitiba* e *A guerra conjugal*, este último adaptado para o cinema. Seu único romance é *A polaquinha*.

Avesso às rodas literárias e à mídia em geral, pouco se sabe de sua vida pessoal. Por isso, é chamado de "o vampiro de Curitiba".

c) Infira: Como deviam ser o relacionamento do casal e o papel exercido pela mulher na família antes de ela deixar a casa?

4. No 2º e no 3º parágrafo, o narrador sutilmente revela alguns de seus sentimentos.

    a) Que frases do texto podem revelar os sentimentos dele?

    b) Que importância tem no texto a frase "Acaso é saudade, Senhora?" na forma interrogativa? O que isso revela sobre o narrador?

    c) Para o sentido mais global do texto, que importância tem a quase ausência de emoções por parte do narrador e no texto como um todo?

5. Releia esta frase:

> "Nenhum de nós sabe, sem a Senhora, conversar com os outros: bocas raivosas mastigando."

    a) Infira: Havia outras pessoas na família? Justifique sua resposta.

b) Que sentido tem a expressão "bocas raivosas mastigando"?

c) O que a presença da mulher trazia à família?

6. O narrador refere-se à mulher como "Senhora", ou seja, não a chama pelo nome. Troque ideias com os colegas e o professor e responda:

   a) Que sentidos a palavra **Senhora** atribui ao relacionamento do casal e ao conto como um todo?

   b) O emprego da palavra **Senhora** pode ter um sentido mais geral, que ultrapasse o relacionamento do casal e coloque uma questão de gênero? Justifique sua resposta.

7. Coloque-se no papel da "Senhora". Você atenderia ao apelo do narrador? Por quê?

8. O texto lido é um conto contemporâneo, isto é, um conto produzido por um escritor da atualidade. Tomando como referência comparativa o conto "Um cinturão", estudado no capítulo 1 desta unidade, responda: Como se caracteriza o conto "Apelo" em relação:

a) ao tamanho do texto?

b) ao número de personagens?

c) ao tempo?

d) ao espaço?

9. No conto contemporâneo, é comum o texto incorporar outros gêneros em sua construção. O conto pode ser produzido, por exemplo, com base em cartas trocadas, mensagens de aplicativo de conversação pela internet ou páginas de um diário. Isso ocorre no conto lido? Se sim, a que gênero o conto lido se assemelha? Justifique sua resposta.

A experiência do miniconto

Entre as experiências feitas por contistas contemporâneos, está a do miniconto ou nanoconto, que você conheceu na abertura desta unidade. O miniconto é uma narrativa condensada ao máximo em seus elementos essenciais. Veja um exemplo:

A vida inteira pela frente.
O tiro veio por trás.

(Cíntia Moscovich. *In*: Marcelino Freire (org.). *Os cem menores contos brasileiros do século*. São Paulo: Ateliê, 2004. p. 16.)

10. Na literatura, os escritores frequentemente renovam as formas de expressão artística e, por isso, quebram as convenções do próprio gênero que utilizam. Observe a estrutura do conto "Apelo" e responda: As partes convencionais do conto — situação inicial, aparecimento do conflito, início da ação, clímax, declínio e desfecho — estão claramente delimitadas no conto? Justifique sua resposta.

> **O conto moderno**
>
> Segundo o modo tradicional [de narrar o conto], a ação e o conflito passam pelo desenvolvimento até o desfecho, com crise e resolução final. Segundo o modo moderno de narrar, a narrativa desmonta este esquema e fragmenta-se numa estrutura invertebrada.
>
> (Nádia Battella Gotlib. *Teoria do conto*. São Paulo: Ática, 2002. p. 29.)

11. Os personagens do conto "Apelo" foram tratados psicologicamente com profundidade? Justifique sua resposta.

12. Comparando o conto "Apelo" aos contos que você leu nos capítulos 1 e 2 desta unidade, responda, de forma sucinta: Que diferenças essenciais existem entre o conto contemporâneo e o conto de estrutura convencional?

AGORA É A SUA VEZ

Ao final desta unidade, você e os colegas vão participar da mostra **De conto em conto**, na qual vão fazer o lançamento de um livro ou de um *blog* com os contos da turma.

Vamos, então, produzir mais um conto para a mostra. Escolha uma das propostas a seguir ou desenvolva as duas, conforme orientação do professor.

Proposta 1

Escreva um conto contemporâneo. Há, abaixo, um conjunto de sugestões de temas, mas você poderá escolher outro, se preferir.

- Uma nova amizade
- Filho único
- O retorno
- A descoberta
- A viagem
- Postagem misteriosa

Proposta 2

A seguir, são apresentados os trechos iniciais de dois contos contemporâneos. Escolha um deles e dê continuidade à narrativa.

Texto 1

O cego

Seu Matias nasceu cego. Nunca viu o mar, armas ou mulheres de biquíni. Mesmo assim, vive sua vida, anda por todos os lados como se vivesse num mundo feito para gente como ele. Gente que não vê, mas escuta, cheira, toca, sente e fala.

E, no seu caso, fala muito bem. Seu Matias tem como emprego tocar o coração de pessoas nos ônibus. Para chegar até seu objetivo, joga com o passageiro um jogo de palavras e sons angustiantes, a voz que se mistura com o barulho da cidade, o som das moedas chacoalhando no copo de Guaravita, a bengala de alumínio batendo sempre pra esquerda e depois pra direita no chão do coletivo.

[...]

(Geovani Martins. *Sol na cabeça*. São Paulo: Companhia das Letras, 2018. p. 85.)

Filipe Rocha/Acervo da editora

Texto 2

Viagem a Petrópolis

Era uma velha sequinha que, doce e obstinada, não parecia compreender que estava só no mundo. Os olhos lacrimejavam sempre, as mãos repousavam sobre o vestido preto e opaco, velho documento de sua vida. No tecido já endurecido encontravam-se pequenas crostas de pão coladas pela baba que lhe ressurgia agora em lembrança do berço. Lá estava uma nódoa amarelada, de um ovo que comera há duas semanas. E as marcas dos lugares onde dormia. Achava sempre onde dormir, casa de um, casa de outro. Quando lhe perguntavam o nome, dizia com a voz purificada pela fraqueza e por longuíssimos anos de boa educação:

— Mocinha.

[...]

(Clarice Lispector. *Todos os contos*. Rio de Janeiro: Rocco, 2016. p. 316.)

Planejamento do texto

- Tenha em mente que seu conto será publicado num livro ou *blog* que a turma vai produzir na mostra **De conto em conto**, proposta no capítulo **Oficina de Criação** desta unidade.
- Releia as instruções dadas no capítulo 1 desta unidade sobre a produção do conto. Veja quais delas ainda podem ser úteis na criação do conto contemporâneo.
- Depois de decidir o ponto de vista do narrador (1ª ou 3ª pessoa), escolha a estrutura do conto que pretende criar.

Escrita

- Quando iniciar a escrita do conto, considere as seguintes questões:
  - Por onde a história vai começar: pelo aparecimento do conflito? Pelo desfecho, inserindo uma retrospectiva dos fatos?
  - Algumas partes da estrutura convencional da narrativa serão suprimidas? Quais?
  - Você pretende fazer uso das características de outro gênero? De qual?
- Pense em como prender a atenção do leitor: construindo um clima de suspense, trabalhando descrições detalhadas e atraentes, utilizando figuras de linguagem, etc.
- Adote uma linguagem adequada ao perfil do narrador e dos personagens.

Revisão e reescrita

- Releia as orientações dadas no capítulo 1 desta unidade, página 72.
- Caso tenha propositalmente quebrado a estrutura convencional do conto ou incorporado características de outros gêneros, verifique se a narrativa apresenta coerência que permita a compreensão do texto.
- Observe se a densidade psicológica dos personagens está de acordo com o que pretendia inicialmente.
- Verifique se a linguagem está adequada (a do narrador e a dos personagens), bem como o emprego de recursos literários (figuras de linguagem, por exemplo) ao longo do texto.

Ao concluir o trabalho, passe-o a limpo e guarde-o para publicá-lo na mostra.

OFICINA DE CRIAÇÃO

Projeto » De conto em conto

Participe com os colegas da produção de um livro ou de um *blog* com os contos produzidos pela turma no decorrer da unidade e, depois, da montagem de uma mostra intitulada **De conto em conto**, ou outro nome escolhido pela turma.

1. Decidindo o suporte: livro ou *blog*? Ou os dois?

- Com a orientação do professor, decidam qual suporte vão utilizar para a divulgação dos contos: um livro ou um *blog*. Também é possível lançar as duas versões simultaneamente; assim, aumenta a possibilidade de alcançar um número maior de leitores.
- No caso de optarem por livro, peçam ajuda ao professor de Arte, principalmente na confecção da capa e na produção das ilustrações para os textos.
- Se a opção for pelo *blog*, peçam ajuda ao professor de Informática ou Robótica ou a outro profissional da área na escola. Ele pode orientá-los quanto à formatação do *blog*, à criação de uma área para comentários de visitantes, etc.

2. Montando o livro de contos

- Reúnam os contos produzidos pela turma (digitados ou passados a limpo) e escolham aqueles que gostariam de publicar.
- Façam a capa em cartolina ou em papel mais grosso. Deem um o título ao livro e escrevam o nome dos autores (por exemplo, alunos do 9º ano A).
- Insiram na contracapa a ficha catalográfica tendo como modelo livros já impressos. Vejam como fazer isso neste livro.
- Façam um texto de apresentação dos contos ou peçam a um colega ou a um adulto que o faça.
- Unam a capa aos textos e grampeiem o material, formando um livro.

Filipe Rocha/Acervo da editora

3. Criando o *blog* de contos

- Passem para a linguagem digital os contos produzidos pela turma.
- Visitem *blogs* literários, a fim de conhecer as possibilidades de trabalho.
- Reúnam-se com o professor de Informática para que ele os oriente quanto aos seguintes aspectos: formatação, seções, ambientação, tipos de letra, recursos sonoros, música, imagens, etc.
- Se julgarem conveniente, vocês podem elaborar uma espécie de índice ou sumário com o nome dos contos e dos autores. Não deixem de criar uma seção de *links* relacionados com literatura, contistas e contos.

- Montem o *blog*, inserindo os textos produzidos pela turma e, se for o caso, imagens e sons que julguem adequados.
- Revisem o *blog*, a fim de verificar se os textos estão de acordo com o original, se a divisão silábica (se houver) está correta, se os títulos dos contos e o nome dos autores estão bem visíveis, etc. Quando o *blog* estiver concluído, deem o endereço eletrônico a amigos e familiares para que todos possam conhecer o trabalho da turma.

4. Organizando a mostra

- Se a turma tiver optado pela montagem de livro, façam cópias dele, se possível, e providenciem cadeiras para os convidados. Caso tenham optado pela criação de *blog*, montem a mostra numa sala em que haja computadores disponíveis, com acesso à internet.
- Disponham os livros em mesas, de forma a possibilitar ao público manuseá-los e, naturalmente, lê-los. Ou preparem os computadores, deixando-os previamente conectados com o *blog*, para possibilitar aos visitantes navegar à vontade pelos contos da turma.
- Incluam na mostra livros de contos variados, de autores nacionais e estrangeiros, de maneira que possam ser folheados e lidos pelos visitantes. Para a aquisição dos livros, peçam a colaboração da bibliotecária da escola.
- Próximo do local de exposição dos livros, afixem um cartaz com o nome do evento: **De conto em conto** (ou outro que a turma tenha escolhido). Se quiserem, decorem o ambiente com fotos e caricaturas de grandes contistas brasileiros e internacionais, como Clarice Lispector, Lygia Fagundes Telles, Machado de Assis, Graciliano Ramos, Guimarães Rosa, Dalton Trevisan, Rubem Fonseca, Jorge Luis Borges, Julio Cortázar e Mia Couto.
- Alguns alunos poderão criar estratégias para convidar os visitantes a uma roda de leitura de contos ou a uma sessão de filmes que contem histórias interessantes (escolham, por exemplo, dois ou três entre os sugeridos na seção **Fique ligado! Pesquise!** desta unidade).

Convidem para visitar a mostra alunos de outras turmas, professores e funcionários da escola, familiares e amigos.

UNIDADE 3

O jovem no mundo atual

Esta unidade de ensino contempla:

18 habilidades da BNCC

Habilidades dos campos de atuação das práticas de estudo e pesquisa, artístico-literário, jornalístico-midiático e de atuação na vida pública, com foco na criação de paródia, haicai, videopoema e texto dissertativo-argumentativo.

5 gêneros textuais

Poema intertextual, paródia, haicai, videopoema e texto dissertativo-argumentativo.

2 recursos: Para escrever com expressividade e Para escrever com coerência e coesão

Recursos sonoros e semânticos do poema; a articulação.

61 atividades: compreensão, interpretação, oralidade e escrita

Diversas atividades individuais e em grupo; propostas de produção de paródia, haicai, videopoema e texto dissertativo-argumentativo.

Projeto: Oficina de Criação

Participar com os colegas da organização de um concurso cultural com premiação para os melhores textos dos gêneros paródia, haicai, videopoema e texto dissertativo-argumentativo. Os textos serão avaliados por uma comissão julgadora com base em alguns critérios predefinidos pela turma.

O adolescente

A vida é tão bela que chega a dar medo.

Não o medo que paralisa e gela,
estátua súbita,
mas

esse medo fascinante e fremente de curiosidade que faz
o jovem felino seguir para a frente farejando o vento
ao sair, a primeira vez, da gruta.

Medo que ofusca: luz!

Cumplicemente,
as folhas contam-te um segredo
velho como o mundo:

Adolescente, olha! A vida é nova...
A vida é nova e anda nua
— vestida apenas com o teu desejo!

(Mario Quintana. *Apontamentos de história sobrenatural*.
Rio de Janeiro: Objetiva, 2012. s/p.)

FIQUE LIGADO! Pesquise!

Confissões de uma garota excluída, de Bruno Garotti; *A escolha perfeita*, de Jason Moore; *Dumplin*, de Anne Fletcher; *D.U.F.F. – Você conhece, tem ou é*, de Ari Sandel; *Últimas conversas*, de Eduardo Coutinho; *As vantagens de ser invisível*, de Stephen Chbosky; *Virando bicho*, de Alexandre Carvalho e Silvia Fraiha; *Vidas ao vento*, de Hayao Miyazaki; *Udaan*, de Vikramaditya Motwane.

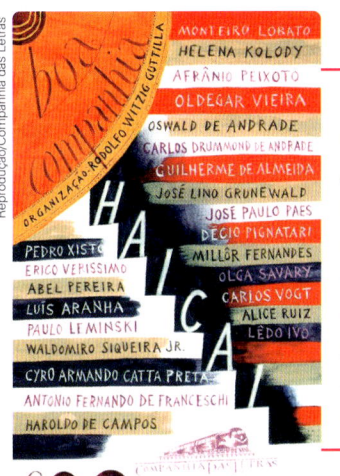

Boa companhia – haicai, organização de Rodolfo Witzig Guttilla (Companhia das Letras); *Todas as flores que não te enviei*, de Felipe Rocha (Astral Cultural); *Poemas de um adolescente – Textos que retratam um recorte de tempo na vida de um garoto brasileiro*, de Charles Antônio Daniel (sem editora); *Eu sou Malala – A história da garota que defendeu o direito à educação e foi baleada pelo Talibã*, de Malala Yousafzai e Christina Lamb (Companhia das Letras); *O sol é testemunha*, de Giselda Laporta Nicolelis (Saraiva); *A infância acabou*, de Renato Tapajós (Ática); *Adolescência*, de Guila Azevedo (Scipione); *O 9ª ano C*, de Odette de Barros Mott (Atual); *O melhor poeta da minha rua*, de José Paulo Paes (Ática); *Poesia marginal*, coletânea de Ana Cristina Cesar, Cacaso, Chacal, Francisco Alvim, Paulo Leminski (Ática).

"Ser diferente é normal", de Vinicius Castro e Adilson Xavier; "Mundo jovem", de Paul Ralphes e Negra Li; "Geração coca-cola", de Renato Russo; "Tempo perdido", de Renato Russo; "Malandragem", de Cazuza e Frejat; "O trem da juventude", de Herbert Vianna.

- https://www.adolescencia.org.br/site-pt-br/adolescencia
- https://www.casadasrosas.org.br/
- https://www.recantodasletras.com.br/teoria-literaria-sobre-haikai/1135375
- https://www.kakinet.com/caqui/nyumon.htm
- https://br.pinterest.com/pin/127648970669175219/

FIQUE LIGADO! Escreva!

A adolescência é uma das fases mais complexas, desafiadoras e, ao mesmo tempo, mais gostosas da vida. São muitas as dúvidas e as incertezas que o adolescente tem em relação ao futuro. Escreva no caderno uma lista com dez coisas que você gostaria que lhe acontecessem nos próximos dez anos. Em seguida, escreva outra com dez coisas que você gostaria que acontecessem no mundo. Quando concluir, leia suas listas para os colegas e ouça as deles. Se possível, guarde essas listas e, daqui a dez anos, veja quais dessas coisas aconteceram para você e para o mundo.

DE OLHO NOS GÊNEROS

Na sociedade competitiva em que vivemos, a capacidade de argumentar e de persuadir as pessoas é muito valorizada. Por meio de argumentos, um político angaria votos, um comerciante vende seus produtos, um empregado conquista um aumento de salário ou uma promoção. Enfim, por meio da argumentação, podemos fazer valer nossas ideias e nossos pontos de vista e influenciar o comportamento e as ações de outras pessoas. A dissertação escolar é um texto diretamente relacionado com a capacidade humana de argumentar e atualmente é utilizada como meio de avaliação em diversos processos seletivos.

O poema, por sua vez, embora possa também ter um caráter persuasivo em determinadas situações, está no extremo oposto da dissertação dos exames quanto a seu processo de elaboração, por ser um texto muito mais subjetivo e pessoal, sem formato fixo previamente definido e, portanto, não passível da avaliação objetiva e imparcial que se supõe em exames como os vestibulinhos e os vestibulares.

Agora, converse com os colegas e o professor:

- Você tem o hábito de ler poemas?

- Sabe o que são haicais, paródias e videopoemas? O que você sabe sobre esses gêneros textuais?

- E sobre textos dissertativos, você já teve contato com eles? Em que contexto?

- O que você sabe sobre texto dissertativo-argumentativo?

Paródia, haicai e videopoema no tempo

Haicai ou *haikai* ou haiku é um tipo de composição poética inventada no Japão, no século XVII, que chegou ao Brasil apenas no início do século XX. Hoje, muitos poetas brasileiros se dedicam à escrita de haicais. As características principais desse gênero são a síntese e a expressão de um pensamento, uma máxima, uma reflexão.

A paródia, assim como os poemas visuais, começou a ser produzida de forma sistemática no Brasil a partir da atitude irreverente e iconoclasta dos modernistas, embora existissem experiências com

poema visual desde os gregos antigos. O Concretismo, movimento que surgiu no Brasil na década de 1950 e que ainda tem muitos seguidores, buscou novas formas de expressão poética, experimentando a fusão de aspectos formais variados do poema, como sonoridade, forma visual, aspectos tipográficos, cor das letras e do fundo, textura e movimento.

A história do videopoema se entrelaça à própria história do movimento da poesia visual. Nesse gênero, a relação entre a linguagem verbal e a linguagem audiovisual evidencia o potencial imagético das palavras (escritas e/ou faladas) ao mesmo tempo que revela o lado poético das imagens.

A dissertação escolar ao longo da história

A dissertação escolar, do modo como a conhecemos hoje no Brasil, advém dos modelos franceses de produção textual do final do século XIX e início do século XX. Sua origem, entretanto, provavelmente é mais antiga e se situa na tradição clássica da lógica aristotélica (na Grécia antiga, séculos antes de Cristo), confundindo-se com a própria história da educação, já que durante séculos foi utilizada como meio de avaliar a aprendizagem.

Esse gênero textual está relacionado com a aquisição do conhecimento formal; por isso, o seu contexto de produção é a esfera escolar. Geralmente, ao ser convidado pelo professor a produzir uma dissertação escolar, o aluno deve provar não apenas que tem conhecimento sobre o tema proposto e que é capaz de demonstrá-lo de forma clara, mas também que é capaz de articular seu pensamento de forma lógica.

OFICINA DE CRIAÇÃO

Projeto » Concurso cultural

Ao final desta unidade, você vai participar com os colegas de turma de um concurso de poemas e dissertações. Para tanto, vai produzir exemplares desses textos ao longo dos próximos capítulos, a fim de se inscrever nas diferentes modalidades do evento.

Unidade 3

CAPÍTULO 1

O poema: paródia, haicai e videopoema

O GÊNERO EM FOCO

No 7º ano, você estudou o poema e conheceu seus elementos básicos, como o verso, a estrofe, a métrica, o ritmo, a rima e algumas figuras de linguagem. Neste capítulo, você vai conhecer mais formas de se expressar por meio do poema.

Intertextualidade na poesia

Leia os poemas a seguir, de Gonçalves Dias e Paulo Mendes Campos.

Texto 1

Canção do exílio

Minha terra tem palmeiras,
Onde canta o Sabiá;
As aves, que aqui gorjeiam,
Não gorjeiam como lá.

Nosso Céu tem mais estrelas,
Nossas várzeas têm mais flores,
Nossos bosques têm mais vida,
Nossa vida mais amores.

Em cismar, sozinho, à noite,
Mais prazer encontro eu lá;
Minha terra tem palmeiras,
Onde canta o Sabiá.

Minha terra tem primores,
Que tais não encontro eu cá;
Em cismar — sozinho, à noite —
Mais prazer encontro eu lá;
Minha terra tem palmeiras,
Onde canta o Sabiá.

Não permita Deus que eu morra,
Sem que eu volte para lá;
Sem que desfrute os primores
Que não encontro por cá;
Sem qu'inda aviste as palmeiras,
Onde canta o Sabiá.

(In: *Gonçalves Dias*. São Paulo: Abril Educação, 1982. p. 11-12. Literatura Comentada.)

Texto 2

Nova canção do exílio

Minha terra tem palmeiras
Onde canta o sabiá
Mas meu **rabicho** é Paris
Onde sabiá não dá.

Minha terra tem mansão
Onde canta o **carcará**
Tem rede do Maranhão
Pra bem-bom de **marajá**.

Minha terra tem jardim
Onde canta o Ali Babá
Vou dar uma de Aladim
Nos haréns de Bagdá.

Minha terra tem coqueiros,
Sabiá já foi pro brejo
Brasileiras, brasileiros,
Daqui vou pro **Alentejo**!

Adeus, **primeiro de abril**!
Adeus, heróis do Brejal!
Vou enfiar o Brasil
Nesse trem de Portugal!

(P. M. Campos. *In*: II. G. V. Koch; A. C. Bentes; M. M. Cavalcante. *Intertextualidade: diálogos possíveis*. São Paulo: Cortez, 2007. p. 40-41.)

Filipe Rocha/Acervo da editora

Alentejo: região centro-sul de Portugal.
carcará: ave falconiforme encontrada em todo o Brasil e em alguns países da América.
marajá: título dado aos príncipes feudais da Índia; funcionário público cujo salário e outras vantagens são exagerados.
primeiro de abril: referência ao dia da mentira (1º de abril); no contexto, também pode fazer referência ao golpe militar de 1964, que ocorreu na mesma data.
rabicho: namoro, paixão.

1. A "Canção do exílio" é um dos poemas mais conhecidos do Brasil. Foi escrito em 1843, quando Gonçalves Dias estava estudando Direito na Universidade de Coimbra, em Portugal. Com base nessas informações, responda:

a) A que lugar o eu lírico se refere quando diz "minha terra"?

_____

Unidade 3 **109**

Quem foi Gonçalves Dias

Gonçalves Dias (1823-1864) nasceu no Maranhão e foi poeta e dramaturgo, além de etnógrafo e advogado. Foi um dos mais importantes poetas do Romantismo brasileiro e, além da "Canção do exílio", é autor do conhecido poema "I-Juca Pirama". Entre outras obras, escreveu *Os timbiras* e a peça teatral *Leonor de Mendonça*.

b) Que espaços são representados pela oposição entre os advérbios **aqui/cá** e **lá**?

c) O exílio do poeta é político ou voluntário?

2. A "Canção do exílio" foi escrita alguns anos depois da Independência do Brasil (1822). Logo, com um notório sentimento nacionalista, o poema valoriza os elementos típicos do nosso país.

   a) Faça um levantamento: Que elementos brasileiros são mencionados no poema?

   b) Esses elementos são de que tipo: sociais, culturais ou naturais?

   c) O sabiá é uma ave comum em todo o Brasil e foi eleito a ave-símbolo do país. Levante hipóteses: Por que, no poema, o nome dessa ave foi escrito com a letra inicial maiúscula?

3. O poema é bastante sonoro em virtude do ritmo, das rimas e da métrica que utiliza. Considerando a primeira estrofe do poema, responda:

   a) Que rimas se destacam?

   b) Que tipo de verso foi empregado? Faça a escansão dos versos, lembrando que se deve contar até a última sílaba tônica.

   c) Como é formado o ritmo desses versos, isto é, quais são as sílabas tônicas de cada verso?

4. A "Nova canção do exílio", de Paulo Mendes Campos, mantém uma relação de **intertextualidade** com a "Canção do exílio", isto é, o poema de Paulo Mendes Campos dialoga com o poema de Gonçalves Dias. Que elementos (temáticos e formais) da "Nova canção do exílio" remetem ao poema de Gonçalves Dias, criando com ele uma relação intertextual?

_____
_____
_____

5. No poema de Gonçalves Dias, o eu lírico estava em Portugal e sentia saudades do Brasil. Em "Nova canção do exílio":

a) essa relação com o nosso país se mantém? Justifique sua resposta com elementos do poema.

_____
_____

b) os elementos da paisagem nacional também são valorizados? Justifique sua resposta com informações do texto.

_____
_____
_____

Quem foi Paulo Mendes Campos

Paulo Mendes Campos (1922-1981) nasceu em Belo Horizonte e foi escritor, poeta, tradutor e jornalista. Trabalhou em vários jornais cariocas e destacou-se no gênero **crônica**. Entre outras obras, escreveu *O amor acaba* e *Balé do pato e outras crônicas*.

6. Publicada em 1988, a "Nova canção do exílio" é uma espécie de resposta tardia a uma campanha feita pelo regime militar contra os oponentes do governo, na década de 1970, cujo *slogan* era "Brasil: ame-o ou deixe-o". Como o eu lírico se posiciona em relação ao *slogan* dessa campanha?

_____

7. Releia estas estrofes da "Nova canção do exílio":

> "Minha terra tem mansão
> Onde canta o carcará
> Tem rede do Maranhão
> Pra bem-bom de marajá.
>
> Minha terra tem jardim
> Onde canta o Ali Babá
> Vou dar uma de Aladim
> Nos haréns de Bagdá."

a) Que aspecto da vida social brasileira é criticado na 1ª estrofe?

_____
_____
_____

b) A 2ª estrofe faz referência a dois contos árabes bastante conhecidos. Troque ideias com os colegas para que respondam oralmente à pergunta: Como é a história de cada um desses contos?

c) Em sua opinião, a 2ª estrofe também pode ser lida de um ponto de vista social e político? Por quê?

_____
_____
_____

8. Quando um texto mantém intertextualidade com outro texto, pode fazê-lo com diferentes objetivos: para homenagear o texto mais antigo, para retomar e confirmar algumas de suas ideias, para criticar suas ideias, para ironizar ou zombar, etc.

Entre os itens a seguir, indique aqueles que caracterizam a relação da "Nova canção do exílio" com a "Canção do exílio".

☐ Homenagem ao poema de Gonçalves Dias, retomando a ideia de um Brasil maravilhoso.

☐ Crítica à visão ufanista do poema de Gonçalves Dias.

☐ Confirmação de um Brasil que apresenta uma natureza exuberante.

☐ Crítica ao Brasil moderno e no que ele se transformou.

☐ Ironia e crítica ao *slogan* "Brasil: ame-o ou deixe-o".

☐ Retomada do espírito nacionalista de amor à pátria, próprio da primeira metade do século XIX.

No estudo dos poemas, você viu que um texto pode "citar" outro texto, criando com ele uma espécie de diálogo ou relação intertextual.

> **Intertextualidade** é a relação entre dois textos caracterizada por um fazer referência, menos ou mais explícita, a outro texto.

Há vários tipos de intertextualidade. Um texto pode citar o outro tendo em vista suas ideias ou fazer uso de determinadas partes formais do texto original, como o emprego de palavras, expressões e estruturas sintáticas maiores.

Paródia

No poema de Paulo Mendes Campos, além da referência explícita feita no título, o emprego do verso "Minha terra tem palmeiras" é suficiente para remeter diretamente à "Canção do exílio", estabelecendo intertextualidade com o poema romântico.

No entanto, nota-se que, apesar de a "Nova canção do exílio" ter uma estrutura formal próxima da do poema de Gonçalves Dias (métrica, rimas, repetições de palavras e estruturas), as ideias apresentadas pelos dois poemas são opostas. Enquanto um lamenta o exílio, exalta a pátria e supervaloriza seus elementos naturais, o outro critica a situação ambiental, social e política do país e aponta como perspectiva o exílio voluntário em Portugal. A esse tipo de relação, chamamos **paródia**.

> **Paródia** é um tipo de relação intertextual em que um texto remete a outro geralmente com o objetivo de subverter, criticar, ironizar ou criar humor com base nas ideias do texto de referência.

A "Canção do exílio" e suas paródias

A "Canção do exílio" é o poema mais citado e parodiado da literatura brasileira. Além de Paulo Mendes Campos, outros escritores fizeram suas canções do exílio, como Casimiro de Abreu, Oswald de Andrade, Murilo Mendes, Carlos Drummond de Andrade, José Paulo Paes, Cacaso, Chico Buarque de Hollanda, Dalton Trevisan, Jô Soares e Eduardo Alves da Costa. O nosso Hino Nacional e a "Canção do Expedicionário" também mantêm relação intertextual com o poema de Gonçalves Dias. Conheça o poema de José Paulo Paes:

Canção do exílio facilitada

lá?
ah!

sabiá...
papá...
maná...
sofá...
sinhá...

cá?
bah!

(José Paulo Paes. *Poesia completa*. São Paulo: Companhia das Letras, 2008. p. 130.)

A intertextualidade e a paródia não acontecem apenas nos poemas. Elas também se manifestam em outras linguagens, como a pintura, o cinema, a música, o cartum, a história em quadrinhos, etc.

Paródias visuais

Um exemplo são as **paródias visuais**. Há muitas paródias de obras famosas, como as da pintura *Mona Lisa*, de Leonardo da Vinci.

Procure na internet algumas paródias visuais e compartilhe com os colegas a sua preferida.

A intertextualidade na música é muito comum. O compositor e cantor Criolo fez em 2007 um *rap* intitulado "Cálice", que estabelece uma relação de intertextualidade com a canção de mesmo nome composta por Chico Buarque e Gilberto Gil em 1978.

A roqueira Pitty escreveu a canção "Desconstruindo Amélia", em uma relação intertextual com o samba "Ai que saudades da Amélia" de Mário Lago e Ataulfo Alves. Pesquise essas canções na internet e, se possível, escute-as.

Pitty, cantora e compositora, durante *show* no festival de música Lollapalooza em São Paulo-SP, em 2015.

9. Com a orientação do professor, reúna-se com alguns colegas para preencher o quadro a seguir com as características básicas da paródia.

Paródia: construção e recursos expressivos	
Quem são os interlocutores da paródia?	
Qual é o objetivo da paródia?	
Onde a paródia circula?	
Quais são os temas abordados na paródia?	
Como é a estrutura da paródia?	
Como se caracteriza a linguagem da paródia?	

AGORA É A SUA VEZ

Ao final desta unidade, você e os colegas vão organizar um concurso cultural. Para isso, chegou o momento de produzir poemas intertextuais e paródias.

Conforme a orientação do professor, realize pelo menos uma das três propostas apresentadas a seguir.

Proposta 1

Que tal escrever você também sua canção do exílio? Crie um poema, com versos livres ou regulares, dialogando com a "Canção do exílio" de Gonçalves Dias. Você poderá adotar não só um ponto de vista positivo em relação ao seu país ou ao seu lugar de origem, como também poderá adotar uma posição irônica e crítica, própria da paródia.

Proposta 2

Os dois poemas que seguem são do poeta Carlos Drummond de Andrade. "Quadrilha" aborda o tema do desencontro amoroso e "José", escrito durante a Segunda Guerra Mundial, retrata o ser humano num beco sem saída. Escolha um dos poemas para, a partir dele, escrever uma paródia ou poema intertextual que dialogue com o poema escolhido. Se preferir, poderá escolher outro poema na biblioteca ou um que já conheça.

Texto 1

Quadrilha

João amava Teresa que amava Raimundo
que amava Maria que amava Joaquim que amava Lili
que não amava ninguém.
João foi pra os Estados Unidos, Teresa para o convento,
Raimundo morreu de desastre, Maria ficou para tia,
Joaquim suicidou-se e Lili casou com J. Pinto Fernandes
que não tinha entrado na história.

(*Reunião*. 10. ed. Rio de Janeiro: Jose Olympio, 1980. p. 19.)

José

E agora, José?
A festa acabou,
a luz apagou,
o povo sumiu,
a noite esfriou,
e agora, José?
e agora, você?
você que é sem nome,
que zomba dos outros,
você que faz versos,
que ama, protesta?
e agora, José?

Está sem mulher,
está sem discurso,
está sem carinho,
já não pode beber,
já não pode fumar,
cuspir já não pode,
a noite esfriou,
o dia não veio,
o bonde não veio,
o riso não veio,
não veio a utopia
e tudo acabou
e tudo fugiu
e tudo mofou,
e agora, José?

E agora, José?
sua doce palavra,
seu instante de febre,
sua gula e jejum,
sua biblioteca,
sua lavra de ouro,
seu terno de vidro,
sua incoerência,
seu ódio — e agora?

Com a chave na mão
quer abrir a porta,
não existe porta;
quer morrer no mar,
mas o mar secou;
quer ir para Minas,
Minas não há mais.
José, e agora?

Se você gritasse,
se você gemesse,
se você tocasse
a valsa vienense,
se você dormisse,
se você cansasse,
se você morresse...
Mas você não morre,
você é duro, José!

Sozinho no escuro
qual bicho-do-mato,
sem teogonia,
sem parede nua
para se encostar,
sem cavalo preto
que fuja a galope,
você marcha, José!
José, para onde?

(*Reunião*. 10. ed. Rio de Janeiro: Jose Olympio, 1980. p. 70.)

Proposta 3

Reunidos em pequenos grupos, escolham uma canção do momento ou uma canção de que gostem muito e façam uma paródia dela, alterando a letra, mas mantendo a melodia. Com a orientação do professor, depois de finalizada a paródia, preparem-se para apresentá-la ao restante da turma.

Planejamento do texto

- Estabeleçam quais serão as semelhanças entre o texto de referência e o novo poema ou canção: o tema, a estrutura, a repetição de palavras e expressões ou de algum verso ou de partes do texto original.
- Definam o tom do poema intertextual ou da paródia: poético, irônico, cômico, crítico.

Escrita

- Escrevam o texto em versos, regulares ou livres.
- Se quiserem, organizem o poema intertextual em estrofes.
- Construam imagens e trechos mais expressivos, empregando comparações e figuras de linguagem (metáfora, antítese, anáfora, aliterações, etc.).
- Deem sonoridade aos versos, fazendo uso de ritmo e de rimas.
- Criem um título atraente para o poema ou a canção, relacionado ao texto recriado.

Revisão e reescrita

Antes de finalizar o texto, releiam-no, observando se:

- ele dialoga com o texto de referência, seja para homageá-lo, seja para criticar, seja para ironizar as ideias que apresenta;
- ele contém semelhanças com o texto de referência identificáveis pelo leitor;
- ele está escrito em versos;
- a linguagem é figurada e rica de sentidos;
- nele há recursos próprios da poesia: ritmo, rimas, imagens, metáforas, comparações, antíteses, aliterações, anáforas, etc.;
- o título é adequado e convidativo.

Se acharem conveniente, façam modificações no texto. Depois, passem-no a limpo e, se quiserem, ilustrem-no. Guardem-no para a produção de um videopoema, a ser proposto neste capítulo.

Haicai

O **haicai** é um poema curto de origem japonesa, geralmente humorístico, de tom leve e, às vezes, reflexivo. Esse gênero foi criado no século XVI e se popularizou pelo mundo em razão da grande carga poética que os haicaístas imprimem em um poema tão conciso.

O haicai tem um número específico de versos — três — e, tradicionalmente, apresenta um número fixo de sílabas poéticas — 17 —, sendo 5 no primeiro e no último verso e 7 no segundo verso. Essa métrica foi alterada ao longo dos anos pelos poetas, que passaram a brincar mais com a forma do haicai. No Brasil, Guilherme de Almeida foi um dos primeiros a cultivar essa forma poética e introduziu rimas no 1º e no 3º verso e uma rima interna no 2º verso. Originalmente, entretanto, o haicai japonês não tem rimas.

Outros importantes escritores brasileiros, como Millôr Fernandes, Luis Fernando Verissimo e Paulo Leminski, também escreveram haicais.

Leia, a seguir, quatro haicais. O primeiro é de Issa, poeta japonês do século XVIII. Os demais são de Paulo Leminski, Millôr Fernandes e Guilherme de Almeida, poetas brasileiros do século XX.

A lua se foi

Meu rouxinol se calou

Acabou-se a noi-

(Issa. In: *31 poetas. 214 poemas. Do Rig-veda e Safo a Apolinaire*. São Paulo: Companhia das Letras, 1996. p. 80.)

Morto de ciúme

Sob a luz da lua

Vaga-lume lume.

(Millôr Fernandes. Disponível em: http://www2.uol.com.br/millor/haikai/003/013.htm. Acesso em: 28/3/2019.)

amar é um elo

entre o azul

e o amarelo

(Paulo Leminski. *Toda poesia*. São Paulo: Companhia das Letras, 2013. p. 312.)

Infância

Um gosto de amora

comida com sol. A vida

chamava-se "Agora".

(Guilherme de Almeida. Disponível em: https://www.casaguilhermedealmeida.org.br/arquivos/1399669282-oficina-de-haikai.pdf. Acesso em: 28/3/2019.)

Intertextualidade com haicai

O álbum do *rapper* Emicida, de 2019, leva o nome de *AmarElo* em uma relação intertextual com o poema de Paulo Leminski. Nesse álbum, que também se tornou um filme documentário, a grafia do título acentua a relação intertextual. Observe:

Capa do álbum *AmarElo*, de Emicida.

1. Observe a parte formal dos haicais e responda:

   a) Quais deles apresentam o número de versos tradicional do haicai japonês?

   b) Quais deles apresentam a métrica tradicional (o primeiro e o último verso com cinco sílabas poéticas e o segundo verso com sete sílabas poéticas)? Quais quebram essa estrutura?

   c) Quais deles apresentam rima? Como é essa rima?

2. Os haicais tradicionalmente abordam temas relacionados à natureza e apresentam certo tom filosófico e reflexivo.

   a) Quais deles abordam o tema da natureza?

   b) Quais têm um caráter filosófico e reflexivo?

3. No haicai de Issa, a última sílaba da palavra **noite** foi suprimida. Que relação existe entre forma e conteúdo, ou seja, entre a supressão da sílaba e o conteúdo do verso?

Capa do livro da poeta e haicaísta Alice Ruiz, *Outro silêncio: haikais* (Companhia das Letras), que tem a natureza e a sazonalidade como foco.

4. A palavra **haicai** é formada por dois termos, *hai* (brincadeira, gracejo) e *kai* (harmonia, realização), ou seja, representa um poema humorístico ou divertido. Qual dos haicais lidos também apresenta um traço humorístico?

Unidade 3 119

5. Não é comum o haicai apresentar título. Os haicais de Guilherme de Almeida, entretanto, geralmente apresentam título. Releia o haicai do poeta sem o título e responda:

   a) Sem o título, o sentido do poema se mantém?

   _____
   _____
   _____
   _____

   b) Considerando que o haicai é um poema cuja característica central é a síntese, comente a vantagem de incluir um título no poema.

   _____
   _____
   _____

6. Com a orientação do professor, reúna-se com alguns colegas para preencher o quadro a seguir com as características básicas do haicai.

Haicai: construção e recursos expressivos	
Quem são os interlocutores do haicai?	
Qual é o objetivo do haicai?	
Onde o haicai circula?	
Quais são os temas abordados no haicai?	
Como é a estrutura do haicai?	
Como se caracteriza a linguagem do haicai?	

AGORA É A SUA VEZ

Produza um haicai para o concurso de poemas e dissertações, a ser organizado ao final desta unidade na **Oficina de Criação**. Para isso, siga as orientações.

Planejamento do texto

- Estabeleça qual será o tema do haicai.
- Defina o tom do texto: divertido, poético ou reflexivo.
- Decida se o poema terá rimas ou não.

Escrita

- Escreva seu texto em três versos, livres ou com 17 sílabas poéticas.
- Construa imagens e trechos mais expressivos, empregando comparações, metáforas, antíteses, anáforas, aliterações, etc.
- Avalie a necessidade de dar um título ao haicai.

Revisão e reescrita

Antes de finalizar seu texto, releia-o, observando se:

- ele está escrito em três versos;
- a linguagem é figurada e rica de sentidos;
- o título é adequado e convidativo.

Videopoema

Videopoema é a fusão de poema com vídeo. Pode ser, por exemplo, um vídeo em que um poema é declamado (com a imagem do declamador ou não) enquanto imagens e trilha sonora dialogam com os versos, ou um *lettering* em vídeo, em que os versos são adicionados à imagem em movimento na tela, com ou sem trilha sonora e/ou declamação, entre outras possibilidades.

Neste capítulo, você e os colegas vão produzir videopoemas. Primeiro, assista aos videopoemas "Carnaval", de Arnaldo Antunes, e "Respirar", de Kláu Itami, para se inspirar.

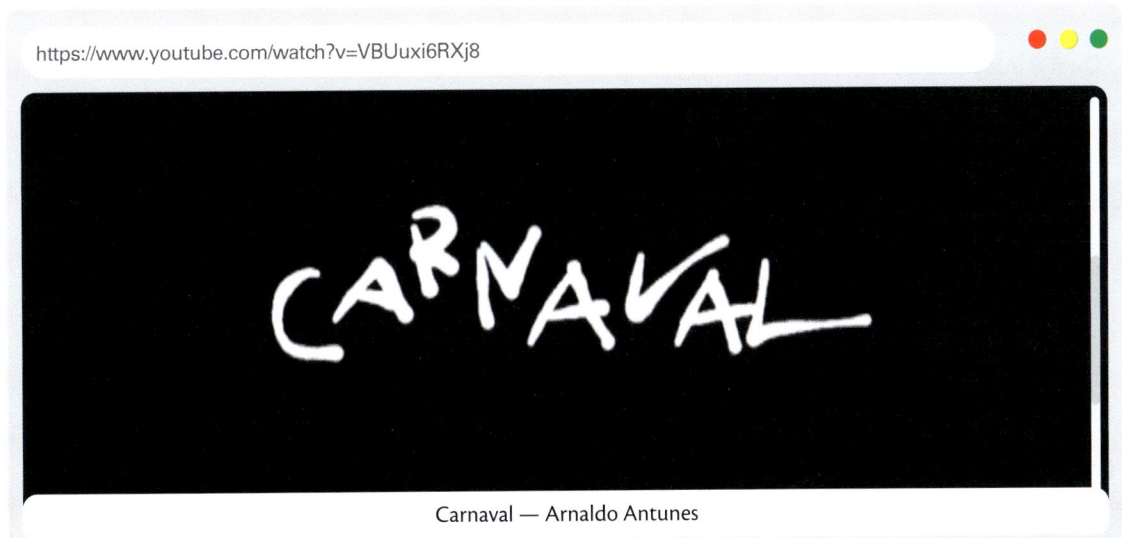

Carnaval — Arnaldo Antunes

Respirar — videopoema — poema autoral

Agora que você e os colegas sabem o que é videopoema e já viram dois exemplos desse gênero, reúnam-se em pequenos grupos para pesquisar outros videopoemas a fim de conhecer outras possibilidades de manifestação poética por meio da linguagem audiovisual.

Com a orientação do professor, compartilhem com ele e o restante da turma o videopoema de que mais gostaram.

Depois, preencham o quadro a seguir com as características básicas do videopoema.

Videopoema: construção e recursos expressivos	
Quem são os interlocutores do videopoema?	
Qual é o objetivo do videopoema?	
Qual é o suporte do videopoema e onde ele circula?	
Quais são os temas abordados no videopoema?	
Como é a estrutura do videopoema?	
Como se caracteriza a linguagem do videopoema?	

AGORA É A SUA VEZ

Que tal fazer um videopoema com base nos poemas que você e os colegas criaram neste capítulo?

Primeiro, com a orientação do professor, reúnam-se em grupos e definam quais poemas, entre os produzidos neste capítulo, serão transformados em videopoemas. Em seguida, leiam as orientações.

Planejamento do videopoema

- Decidam se haverá som ou música de fundo.
- Definam se os versos serão introduzidos na tela aos poucos ou de maneira rápida.
- Selecionem ou produzam imagens (estáticas ou em movimento) para compor o videopoema.
- Resolvam se o poema será declamado e se o locutor aparecerá ou não no vídeo.
- Decidam se os versos do poema deverão aparecer como *lettering* ou não ao longo do videopoema.

Produção do videopoema

- Selecionem um programa de computador para a criação do videopoema.
- Caso prefiram, o PowerPoint, por exemplo, pode ser utilizado: insiram o texto do poema em um único *slide* ou dividam-no em alguns *slides*, acrescentando imagens de fundo e adicionando uma trilha sonora previamente escolhida. Depois, selecionem efeitos de transição de *slides*.
- Escolham cores e efeitos para a animação visual e para a passagem dos versos escritos ou, ainda, definam o ritmo para a declamação dos versos.
- Se necessário, peçam ajuda ao técnico ou ao professor de Informática ou Robótica da escola.

Apresentação e avaliação do videopoema

Concluída a fase de produção, organizem uma sessão de videopoemas com toda a turma. Ao assistirem, avaliem se:

- a declamação e/ou o *lettering* dos versos do poema estão acessíveis ao espectador;
- o andamento do videopoema precisa ser corrigido;
- as imagens dialogam adequadamente com o texto verbal;
- os sons e a trilha sonora (se houver) contribuem para criar ou consolidar uma atmosfera poética apropriada.
- o videopoema, como um todo, é uma experiência poética convidativa e marcante.

Façam as correções necessárias e finalizem os videopoemas. Troquem ideias com os colegas, com o professor e, eventualmente, com o professor de Informática ou de Robótica, sobre como publicar os videopoemas da turma no YouTube.

Se quiserem, em data marcada e divulgada, façam uma sessão especial para apresentar os videopoemas aos alunos de toda a escola e a familiares convidados.

Para escrever com EXPRESSIVIDADE

Recursos sonoros e semânticos do poema

No 7º ano, você estudou que muito da expressividade de um poema depende de seus recursos sonoros e musicais, como o ritmo, as rimas, a métrica, a aliteração e a assonância. Neste capítulo, você vai conhecer outros recursos sonoros e semânticos do poema.

Recursos sonoros

Releia a primeira estrofe do poema "José", de Carlos Drummond de Andrade.

"E agora, José?
A festa acabou,
a luz apagou,
o povo sumiu,
a noite esfriou,
e agora, José?
e agora, você?
você que é sem nome,
que zomba dos outros,
você que faz versos,
que ama, protesta?
e agora, José?"

1. Qual é a **métrica** desses versos?

2. Os versos apresentam um **ritmo** bastante perceptível. Faça a escansão de alguns desses versos e descubra quais são as sílabas tônicas de cada um deles.

3. Existem **rimas** nessa estrofe? Se sim, como elas se estruturam?

4. As **repetições** de palavras, expressões e de partes de versos também cumprem um papel importante na construção da sonoridade e das ideias de um poema. Que versos, estruturas e palavras se repetem no poema?

_____
_____

5. Releia, agora, esta outra estrofe do poema "José", observando sua sonoridade:

"Se você gritasse,
se você gemesse,
se você tocasse
a valsa vienense,
se você dormisse,
se você cansasse,
se você morresse...
Mas você não morre,
você é duro, José!"

Há, na estrofe, versos que se iniciam com as mesmas palavras, constituindo uma figura de linguagem chamada **anáfora**. Leia o boxe ao lado e identifique a presença de anáfora nessa estrofe.

_____
_____

> ### Anáfora: quando a repetição cria estilo
>
> **Anáfora** é a repetição de uma palavra ou grupo de palavras no início de duas ou mais frases sucessivas como meio de enfatizar o termo repetido.
>
> Veja um exemplo de anáfora nestes versos da letra da canção "Diversidade":
>
> **Que seria d**o adeus
> **Sem o** retorno
> **Que seria d**o nu
> **Sem o** adorno
>
> (Lenine. Disponível em: https://www.letras.mus.br/lenine/diversidade/. Acesso em: 31/7/2023.)

6. Observe agora a presença de sons que se repetem nesses versos, constituindo **aliteração** (repetição de um mesmo fonema consonantal) e **assonância** (repetição de um mesmo fonema vocálico).

a) Há aliteração nesses versos? Justifique sua resposta.

_____
_____

b) Há assonância nesses versos? Justifique sua resposta.

_____
_____
_____

7. Leia, agora, este poema de Cassiano Ricardo:

Rua
torta.

Lua
morta.

Tua
porta.

(*In*: Norma Goldstein. *Versos, sons, ritmos*.
São Paulo: Ática, 2006. p. 28.)

a) A sonoridade desse poema advém do emprego de uma figura de linguagem chamada **paronomásia**. Depois de ler o boxe abaixo, explique como se dá a paronomásia no poema.

_____
_____
_____

b) O poema também se destaca pelo **paralelismo sintático-semântico** e **visual** dos versos, isto é, por estruturas semelhantes. Explique como ele ocorre.

_____
_____
_____
_____
_____
_____
_____

A paronomásia nas eleições americanas

A paronomásia é uma figura de linguagem construída a partir da repetição de parte de uma palavra em outra(s).

Nas eleições norte-americanas de 1952, Dwight Davi "Ike" Eisenhower, candidato à presidência dos Estados Unidos, lançou o *slogan* "I like Ike", vindo a ganhar a eleição. No *slogan*, a paronomásia foi usada com mestria. Nas três palavras, vemos partes das outras se repetindo.

Recursos semânticos

O poema também pode se valer de recursos semânticos, que atuam diretamente na produção dos sentidos. Vamos conhecer dois deles.

Ambiguidade

Leia o poema de Carlos Drummond de Andrade:

Orion

A primeira namorada, tão alta
que o beijo não a alcançava,
o pescoço não a alcançava,
nem mesmo a voz a alcançava.
Eram quilômetros de silêncio.
Luzia na janela do sobradão.

(*Poesia completa e prosa*. Volume único.
Rio de Janeiro: Aguilar, 1973. p. 392.)

1. O poema cria propositalmente uma **ambiguidade**, isto é, uma duplicidade de sentido pelo emprego da palavra **Luzia**.

   a) Busque no dicionário o verbo **luzir**. Depois responda: Quais são os dois possíveis sentidos da palavra **Luzia** no contexto?

   b) O fato de a palavra estar com a letra inicial maiúscula é um elemento que retira a ambiguidade? Justifique sua resposta.

2. O poema constrói a ideia de distância entre a primeira namorada e a pessoa apaixonada. Levando em consideração que o título do poema, "Orion", é o nome de uma constelação, responda:

   a) Quais palavras e expressões constroem o efeito de sentido de distanciamento entre os namorados?

   b) Qual é o efeito de sentido construído pelo recurso da ambiguidade no poema?

Poema visual

Veja, agora, este poema de Sérgio Capparelli:

(*111 poemas para crianças*. Porto Alegre: L&PM, 2003. p. 120.)

3. O poema de Capparelli é visual, ou seja, para compreendê-lo é necessário associar o sentido das palavras à imagem que elas formam. Descubra qual é a ordem lógica de leitura dos versos e leia oralmente o poema para o professor e os colegas.

_____
_____

4. A palavra **cai** foi disposta na página de forma diferente. Explique a razão dessa disposição e o sentido que ela cria.

_____
_____

5. Na parte de baixo do poema, os versos formam uma figura.

   a) Qual é a figura formada? _____

b) Que partes dessa figura os versos representam? _____

c) Que parte dessa figura é representada pelo círculo vermelho? _____

d) Que outro sentido o círculo vermelho pode ter? _____

O poema, de Alfred de Musset, poeta francês do século XIX, foi traduzido e recriado pelo poeta brasileiro Augusto de Campos. Na página onde está publicado o poema, ele ocupa toda a mancha, isto é, toda a parte impressa da página tipográfica. Leia-o.

6. Troque ideias com os colegas e responda. Considerando o conteúdo dos versos:

a) Qual é a relação entre o conteúdo do poema e sua representação visual? Responda explicando o que representa a letra **i** e o ponto sobre o **i**.

("Lunograma (Musset)". In: *Despoesia*. São Paulo: Perspectiva, 1994. p. 56-57.)

b) A cor preta, que cobre toda a mancha da página e emoldura o poema, também apresenta um sentido no contexto. Qual é?

c) A **tipografia** também pode construir sentido nos poemas. No poema em estudo, a cor branca com que a letra **i** é escrita também ganha um sentido especial. Explique por quê.

EXERCÍCIO

Escreva no caderno um ou mais poemas fazendo uso de alguns recursos que você revisou e aprendeu neste capítulo: ritmo, rima, aliteração, assonância, anáfora, paronomásia, paralelismo sintático-semântico e visual, repetição, ambiguidade e recursos visuais. Siga as orientações dadas neste capítulo nas seções **Planejamento do texto**, **Escrita** e **Revisão e reescrita**, nas páginas 117 e 121. Se possível, inclua estes novos poemas na produção dos videopoemas (ver orientações na página 123).

CAPÍTULO 2
O texto dissertativo-argumentativo

O GÊNERO EM FOCO

Há muitas décadas, as escolas brasileiras vêm trabalhando com a **dissertação**, que costuma ser exigida em exames de seleção para o Ensino Médio (o "vestibulinho"), para o Ensino Superior (o vestibular) e em alguns concursos públicos.

Em princípio, o texto dissertativo pertence ao grupo dos textos expositivos, cujo objetivo é explicar ou desenvolver um assunto sem que o autor tenha de se posicionar sobre o tema e defender um ponto de vista pessoal. No entanto, quando se solicita uma dissertação na escola e nos exames, quase sempre os temas são polêmicos e exigem um posicionamento do autor. Nesses casos, inevitavelmente ele tem de argumentar. Por essa razão, chamamos esses textos de **dissertativo-argumentativos.**

Para saber o que é e como se faz um texto dissertativo-argumentativo, leia, a seguir, as instruções para a redação do Enem 2021 e os textos motivadores.

Exame Nacional do Ensino Médio

INSTRUÇÕES PARA A REDAÇÃO

1. O rascunho da redação deve ser feito no espaço apropriado.

2. O texto definitivo deve ser escrito à tinta preta, na folha própria, em até 30 linhas.

3. A redação que apresentar cópia dos textos da Proposta de Redação ou do Caderno de Questões terá o número de linhas copiadas desconsiderado para a contagem de linhas.

4. **Receberá nota zero, em qualquer das situações expressas a seguir, a redação que:**

    4.1. tiver até 7 (sete) linhas escritas, sendo considerada "texto insuficiente";

    4.2. fugir ao tema ou que não atender ao tipo dissertativo-argumentativo;

    4.3. apresentar parte do texto deliberadamente desconectada do tema proposto;

    4.4. apresentar nome, assinatura, rubrica ou outras formas de identificação no espaço destinado ao texto.

TEXTOS MOTIVADORES

TEXTO I

Toda sexta-feira, o ônibus azul e branco estacionado no pátio da Vara da Infância e da Juventude, na Praça Onze, Centro do Rio, sacoleja com o entra e sai de gente a partir das 9h. Do lado de fora, nunca menos de 50 pessoas, todas pobres ou muito pobres, quase todas negras, cercam o veículo, perguntam, sentam e levantam, perguntam de novo e esperam sem reclamar o tempo que for preciso. Adultos, velhos e crianças estão ali para conseguir o que, no Brasil, é oficialmente reconhecido como o primeiro documento da vida – a certidão de nascimento. [...]

Ao longo do discurso desses entrevistados, fica clara a forma como os usuários se definem: "zero à esquerda", "cachorro", "um nada", "pessoa que não existe", entre outras, todas são expressões que conformam claramente a ideia da pessoa sem registro de nascimento sobre si mesma como uma pessoa sem valor, cuja existência nunca foi oficialmente reconhecida pelo Estado.

ESCÓSSIA, F. M. **Invisíveis**: uma etnografia sobre identidade, direitos e cidadania nas trajetórias de brasileiros sem documento. Tese (Doutorado em História, Política e Bens Culturais). Fundação Getúlio Vargas. Rio de Janeiro, 2019.

TEXTO II

A Lei Nº 9 534 de 1997 tornou o registro de nascimento gratuito no Brasil. Só que o problema persiste, mostrando que essa exclusão é complexa e não se explica apenas pela dificuldade financeira em pagar pelo registro, por exemplo.

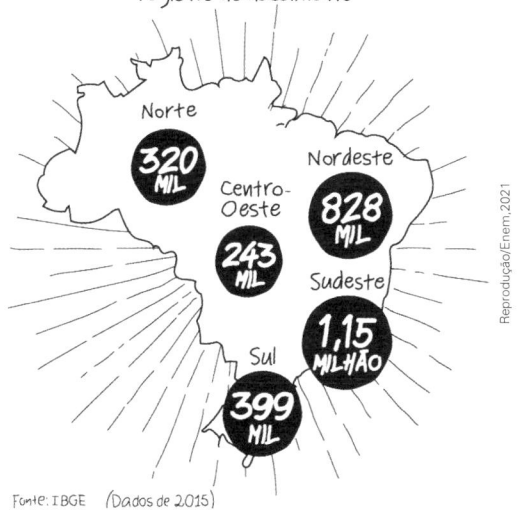

Disponível em: https://estudio.r7.com/. Acesso em: 22 jul. 2021 (adaptado).

TEXTO III

A certidão de nascimento é o primeiro e o mais importante documento do cidadão. Com ele, a pessoa existe oficialmente para o Estado e a sociedade. Só de posse da certidão é possível retirar outros documentos civis, como a carteira de trabalho, a carteira de identidade, o título de eleitor e o Cadastro de Pessoa Física (CPF). Além disso, para matricular uma criança na escola e ter acesso a benefícios sociais, a apresentação do documento é obrigatória.

Disponível em: https://www.senado.leg.br/. Acesso em: 21 jul. 2021.

TEXTO IV

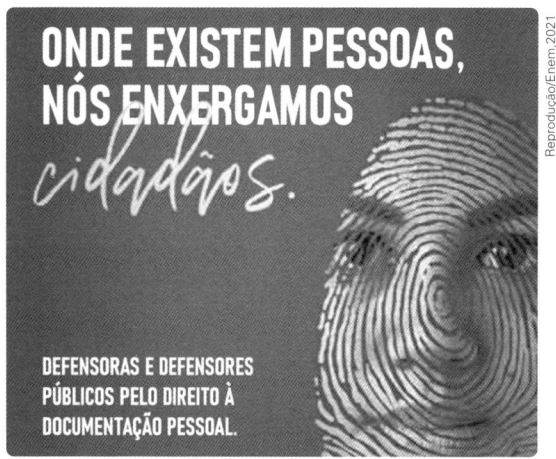

Disponível em: https://www.ufrgs.br/humanista. Acesso em: 26 jul. 2021 (adaptado).

(BRASIL. Ministério da Educação. *Exame Nacional do Ensino Médio*. Prova de linguagens, códigos e suas tecnologias e redação. Brasília, DF: Inep/MEC, 2021. p. 21. Disponível em: https://download.inep.gov.br/enem/provas_e_gabaritos/2021_PV_impresso_D1_CD1.pdf. Acesso em: 21/6/2023.)

O tema da redação do Enem 2021 foi: **Invisibilidade e registro civil: garantia de acesso à cidadania no Brasil**. Dos mais de 2,1 milhões de estudantes que fizeram a prova, apenas 22 tiraram nota 1 000 na redação do Enem.

Leia, a seguir, a redação de uma estudante que alcançou a nota máxima.

Em sua obra "Os Retirantes", o artista expressionista Cândido Portinari faz uma denúncia à condição de desigualdade compartilhada por milhões de brasileiros, os quais, vulneráveis socioeconomicamente, são invisibilizados enquanto cidadãos. A crítica de Portinari continua válida nos dias atuais, mesmo décadas após a pintura ter sido feita, como se pode notar a partir do alto índice de brasileiros que não possuem registro civil de nascimento, fator que os invisibiliza. Com base nesse viés, é fundamental discutir a principal razão para a posse do documento promover a cidadania, bem como o principal entrave que impede que tantas pessoas não se registrem.

Com efeito, nota-se que a importância da certidão de nascimento para a garantia da cidadania se relaciona à sua capacidade de proporcionar um sentimento de pertencimento. Tal situação ocorre, porque, desde a formação do país, esse sentimento é escasso entre a população, visto que, desde 1500, os países desenvolvidos se articularam para usufruir ao máximo do que a colônia tinha a oferecer, visando ao lucro a todo custo, sem se preocupar com a população que nela vivia ou com o desenvolvimento interno do país. Logo, assim como estudado pelo historiador Caio Prado Júnior, formou-se um Estado de bases frágeis, resultando em uma falta de um sentimento de identificação como brasileiro. Desse modo, a posse de documentos, como a certidão de nascimento, funciona como uma espécie de âncora para uma população com escasso sentimento de pertencimento, sendo identificada como uma prova legal da sua condição enquanto cidadãos brasileiros.

Ademais, percebe-se que o principal entrave que impede que tantas pessoas no Brasil não se registrem é o perfil da educação brasileira, a qual tem como objetivo formar a população apenas como mão de obra. Isso acontece, porque, assim como teorizado pelo economista José Murilo de Carvalho, observa-se a formação de uma "cidadania operária", na qual a população mais vulnerável socioeconomicamente não é estimulada a desenvolver um pensamento crítico e é idealizada para ser explorada. Nota-se, então, que, devido a essa disfunção no sistema educacional, essas pessoas não conhecem seus direitos enquanto cidadãos, como o direito de possuir um documento de registro civil. Assim, a partir dessa educação falha, forma-se um ciclo de desigualdade, observada no fato de o país ocupar o 9º lugar entre os países mais desiguais do mundo, segundo o IBGE, já que, assim como afirmado pelo sociólogo Florestan Fernandes, uma nação com acesso a uma educação de qualidade não sujeitaria seu povo a condições de precária cidadania, como a observada a partir do alto número de pessoas sem registro no país.

Portanto, observa-se que a questão do alto índice de pessoas no Brasil sem certidão de nascimento deve ser resolvida. Para isso, é necessário que o Ministério da Educação reforce políticas de instrução da população acerca dos seus direitos. Tal ação deve ocorrer por meio da criação de um Projeto Nacional de Acesso à Certidão, a qual irá promover, nas escolas públicas de todos os 5570 municípios brasileiros, debates acerca da importância do documento de registro civil para a preservação da cidadania, os quais irão acontecer tanto extracurricularmente quanto nas aulas de sociologia. Isso deve ocorrer, a fim de formar brasileiros que, cientes dos seus direitos, podem mudar o atual cenário de precária cidadania e desigualdade.

(Giovanna da Silva Gamba Dias. In: *A redação do Enem 2022 — cartilha do participante*. Brasília: Inep/MEC, 2022. p. 33. Disponível em: https://download.inep.gov.br/download/enem/cartilha_do_participante_enem_2022.pdf. Acesso em: 31/5/2023.)

1. A **dissertação escolar**, como a maior parte dos gêneros argumentativos, tem uma estrutura organizada em três partes: a introdução, na qual é apresentada a ideia principal, ou tese; o desenvolvimento, que fundamenta com argumentos a ideia principal; e a conclusão.

   Troque ideias com os colegas e identifique, na redação da estudante, em que parágrafo é apresentada a ideia principal, ou tese, e que parágrafos constituem o desenvolvimento e a conclusão.

No 1º parágrafo, a autora relaciona a obra de arte *Retirantes* (1944), de Candido Portinari, ao tema da redação do Enem 2021. Observe-a e responda às questões 2 e 3.

Retirantes, de Candido Portinari, 1944. Óleo sobre tela, 190 cm × 180 cm × 2,5 cm. (Série Retirantes).

Unidade 3 · 133

2. Sobre a obra de Candido Portinari:

   a) Levante hipóteses: Quem são as pessoas retratadas na obra e qual é a relação entre elas? Justifique sua resposta com elementos da obra.

   _____
   _____
   _____
   _____
   _____

   b) Observe o local onde as pessoas estão retratadas e as cores da pintura. Qual é o efeito de sentido construído na obra por meio desses elementos?

   _____
   _____
   _____
   _____

3. Sobre a citação da obra de Candido Portinari na argumentação da autora do texto, responda:

   a) Qual é a relação estabelecida entre a pintura e o tema da redação?

   _____
   _____
   _____
   _____

   b) Qual é o posicionamento da autora sobre o tema?

   _____
   _____
   _____

   c) Como a autora pretende desenvolver a tese ao longo do texto?

   _____
   _____
   _____

4. O desenvolvimento de um texto dissertativo-argumentativo cumpre o papel de fazer progredir o tema em debate e fundamentar a tese com argumentos. Para isso, vários recursos podem ser empregados.

   a) Assinale os recursos utilizados no 2º parágrafo do texto:

   ☐ comparação   ☐ dados estatísticos

   ☐ pesquisa   ☐ citação

   ☐ dados históricos   ☐ exemplificação

   ☐ relação de causa e consequência

   b) Explique com que finalidade a autora utilizou esses recursos e como articulou esses tipos de argumento.

   _____
   _____
   _____
   _____
   _____

5. No 3º parágrafo, a autora discute a falta de documentação de muitos brasileiros nos dias atuais.

   a) Qual é o motivo, apresentado por ela, para a manutenção do problema?

   _____
   _____

   b) A autora desenvolve, ainda nesse parágrafo, uma consequência dessa situação. Identifique essa consequência.

   _____
   _____

   c) Que tipo de argumento ela utiliza para fundamentar suas ideias nesse parágrafo?

   _____
   _____

6. Releia sua resposta ao item **c** da questão 1 e responda: A autora desenvolveu as duas ideias que se propôs a discutir na tese? Se sim, em quais parágrafos ela desenvolveu cada uma das ideias?

   _____
   _____
   _____

7. Leia o boxe "Verdade e opinião nos textos argumentativos" ao lado. Depois, observe os parágrafos de desenvolvimento do texto lido e identifique quais argumentos foram construídos com base em verdades e quais argumentos foram fundamentados em opiniões pessoais.

> ### Verdade e opinião nos textos argumentativos
>
> Os textos argumentativos têm a finalidade de persuadir (convencer) o interlocutor e, por isso, precisam apresentar bons argumentos e desenvolvê-los de modo consistente.
>
> Embora os argumentos devam dar a impressão de que o autor está falando com certeza, nem todo argumento contém uma verdade. Muitos deles contêm apenas opiniões. Verdades são aqueles conhecimentos comprovados cientificamente e sobre os quais não há dúvida. Já as opiniões são resultado de impressões ou de experiências pessoais; por isso, elas podem expressar verdades e, às vezes, podem expressar julgamentos subjetivos, que podem ser desconstruídos facilmente.
>
> O ideal é que, em um texto argumentativo, utilizemos de modo equilibrado os dois tipos de argumento: os que expressam verdades inquestionáveis e os que expressam opinião.

8. Na conclusão de um texto dissertativo-argumentativo, geralmente é retomada e confirmada a ideia principal ou é feita uma sugestão ou uma proposta.

a) Que tipo de conclusão a autora utilizou na dissertação lida?

---

b) A prova de redação do Enem solicita uma **proposta de intervenção**. Qual é a proposta da autora do texto? A proposta de intervenção é detalhada para que se mostre possível de ser implementada?

---

9. Hoje em dia, a maioria das propostas de redação de concursos e vestibulares é composta não apenas do enunciado principal, com o recorte do tema a ser desenvolvido, mas também de uma série de textos sobre o assunto, os quais podem auxiliar os candidatos a elaborar a dissertação.

a) Identifique, no texto em estudo, dois trechos que podem ser relacionados aos textos de referência, também chamados textos motivadores, contidos na proposta.

---

b) Indique outras duas informações dos textos de referência que poderiam ter sido utilizadas na construção de uma dissertação sobre o tema em estudo.

c) Troque ideias com os colegas e o professor e conclua: No contexto de um concurso, qual é a importância de produzir uma redação que dialogue com os textos fornecidos pela proposta?

10. Observe a linguagem do texto lido.

a) A variedade linguística empregada está de acordo com a norma-padrão? Ela é mais formal ou mais informal?

b) Em que pessoa gramatical estão os pronomes e verbos empregados? O emprego dessa pessoa confere maior ou menor impessoalidade ao texto?

11. Com a orientação do professor, reúna-se com os colegas para preencher o quadro a seguir com as características básicas do texto dissertativo-argumentativo.

Texto dissertativo-argumentativo: construção e recursos expressivos	
Quem são os interlocutores do texto dissertativo-argumentativo?	
Qual é o objetivo do texto dissertativo-argumentativo?	
Qual é o suporte do texto dissertativo-argumentativo?	
Quais são os temas abordados no texto dissertativo-argumentativo?	
Como é a estrutura do texto dissertativo-argumentativo?	
Como se caracteriza a linguagem do texto dissertativo-argumentativo?	

AGORA É A SUA VEZ

Ao final desta unidade, você participará, com os colegas de turma, de um concurso de poemas e dissertações. Neste capítulo, você vai produzir um dos textos para se inscrever nesse concurso.

É comum que, ao final do 9º ano, alguns alunos prestem vestibulinhos para estudar em determinadas escolas de Ensino Médio. A seguir, você vai ler a proposta de redação de uma dessas escolas, o Cotuca, da Unicamp. Leia-a com atenção, observe as orientações e elabore um **texto dissertativo-argumentativo** com base nessa proposta.

Processo Seletivo COTUCA 2022

PROPOSTA DE REDAÇÃO

No livro "O Mundo Assombrado pelos Demônios", o cientista estadunidense Carl Sagan afirma que "nós criamos uma civilização global em que os elementos mais cruciais – o transporte, as comunicações e todas as outras indústrias, a agricultura, a medicina, a educação, o entretenimento, a proteção ao meio ambiente e até a importante instituição democrática do voto – dependem profundamente da ciência e da tecnologia. Também criamos uma ordem em que quase ninguém compreende a ciência e a tecnologia. É uma receita para o desastre. Podemos escapar ilesos por algum tempo, porém mais cedo ou mais tarde essa mistura inflamável de ignorância e poder vai explodir na nossa cara". Partindo da reflexão desse autor e levando em consideração os textos da coletânea a seguir, elabore um texto dissertativo-argumentativo, redigido em até 30 linhas, que discuta a seguinte questão: **como o conhecimento científico contribui para a formação do jovem comprometido com o desenvolvimento social?**

Texto I

Disponível em: https://www.umsabadoqualquer.com/category/eisntein/ Acesso em 30 jul. 2021.

Texto II

O poder maior da ciência não está em suas conclusões, descobertas e afirmações, mas em sua estrutura: trata-se da única atividade humana construída e projetada para reconhecer, revisar e aprender com os próprios erros. Filósofos debatem há décadas em busca de uma definição exata do que seria "ciência", mas o critério mínimo é a disposição de mudar de acordo com a evidência: se os fatos acumulam-se contra uma teoria, pior para a teoria. Trata-se de uma atitude que todos poderíamos aplicar, com grande vantagem, no cotidiano.

Ciência no cotidiano: Viva a razão. Abaixo a ignorância!, Natalia Pasternak e Carlos Orsi. Disponível em: http://blog.editoracontexto.com.br/ciencia-no-cotidiano/ Acesso em 30 jul. 2021.

Texto III

Jovens defendem a ciência, mas desconhecem produção científica do País

Pesquisa inédita com mais de 2 mil pessoas revela o que os jovens pensam, sabem e não sabem sobre a ciência e tecnologia no Brasil

24/06/2019

Por Herton Escobar

A maioria dos jovens brasileiros gosta de ciência e acha que o governo deveria investir mais no setor – inclusive em momentos de aperto econômico, como o atual. Por outro lado, são poucos os que buscam ativamente informações sobre ciência e tecnologia; e apenas uma minoria sabe dizer o nome de alguma instituição de pesquisa nacional. A maioria se informa sobre o assunto pela internet, e confessa ter dificuldade para saber se uma notícia é verdadeira.

Esses são alguns dos resultados de um levantamento inédito sobre a percepção pública da ciência e tecnologia no Brasil, com foco no público jovem. Realizado pelo Instituto Nacional de Ciência e Tecnologia em Comunicação Pública da Ciência e Tecnologia (INCT-CPCT), o estudo é baseado em 2,2 mil entrevistas domiciliares, realizadas com jovens de 15 a 24 anos de idade, em 21 Estados e no Distrito Federal, no início de 2019.

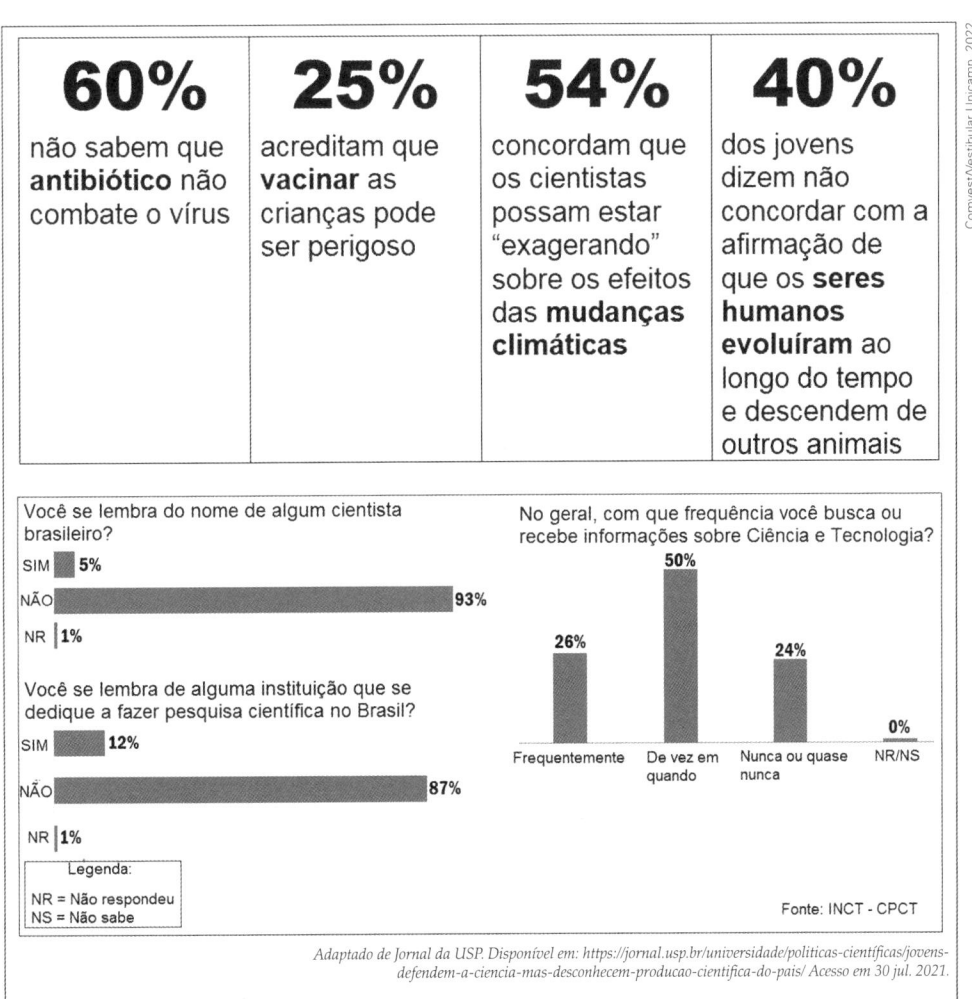

Adaptado de Jornal da USP. Disponível em: https://jornal.usp.br/universidade/politicas-cientificas/jovens-defendem-a-ciencia-mas-desconhecem-producao-cientifica-do-pais/ Acesso em 30 jul. 2021.

(Processo Seletivo Cotuca 2022. Campinas: Cotuca, 2022. p. 3-4. Disponível em: https://exame.cotuca.unicamp.br/arquivos/provas_anteriores/Vestibulinho%202022.pdf. Acesso em: 21/6/2023.)

Planejamento do texto

- Siga fielmente todas as orientações dadas na proposta.

- Leve em consideração os leitores do seu texto: colegas de turma, outros colegas, professores e funcionários da escola, familiares e amigos que estarão no papel de avaliadores do seu texto.

- Em primeiro lugar, tome uma posição sobre o tema. Qual é seu ponto de vista sobre o assunto? Que ideia você pretende defender?

- Depois de definida a ideia principal, ou tese, decida quais e quantos argumentos vai utilizar para fundamentá-la: vai fazer citações, citar pesquisas e dados científicos e estabelecer comparações?

- Defina como vai utilizar as ideias dos textos motivadores da proposta.

- Pense no tipo de conclusão que vai desenvolver: uma conclusão-síntese ou uma conclusão-proposta? Se for do segundo tipo, qual será a proposta?

- Planeje bem seu texto para não ultrapassar o limite de 30 linhas.

Escrita

- Organize seu texto em parágrafos. Você pode apresentar a ideia principal de seu texto no 1º e no 2º parágrafos e, nos seguintes, expor os argumentos que vão fundamentá-la. No último parágrafo, apresente a conclusão.

- Utilize informações e dados dos textos de referência da proposta, articulando-os à sua argumentação ou contra-argumentação.

- Utilize seus conhecimentos de mundo e conhecimentos especializados relacionados ao tema para sustentar seus argumentos.

- Empregue uma linguagem objetiva, impessoal, com verbos na 3ª pessoa e de acordo com a norma-padrão.

- Estabeleça conexões entre os parágrafos, de modo que seja possível, para o leitor, compreender as relações existentes entre eles: de retomada, aprofundamento, exemplificação, etc.

- Procure utilizar argumentos que apresentem opiniões e verdades de forma equilibrada.

- Caso opte pelo recurso da citação direta para fundamentar um argumento, reproduza o texto citado entre aspas, indicando a fonte.

- Sempre que possível, faça exemplificações para enriquecer e esclarecer seu ponto de vista sobre o assunto.

- Procure diversificar o tipo de argumento em cada parágrafo.

- Empregue expressões de coesão textual, como **além disso, por outro lado, entretanto, por isso, portanto**, etc. Para se aprofundar mais nesse ponto, antes de produzir o seu texto, faça as atividades propostas na próxima seção: **Para escrever com coerência e coesão**.

- Se precisar cortar algum argumento para não extrapolar o limite de 30 linhas, releia seu texto e avalie se ele continua coerente, convincente e devidamente argumentado sem o trecho cortado. Se for necessário, faça ajustes nos demais parágrafos.

- Se o tipo de conclusão escolhido for uma proposta de intervenção, garanta que ela esteja clara para todos e avalie se ela se mostra possível de ser implementada.

Revisão e reescrita

Antes de finalizar seu texto, releia-o, observando se:

- cumpre as exigências da proposta de redação;
- foram utilizadas adequadamente as informações dos textos de referência da proposta, de forma articulada à argumentação;
- há nele um posicionamento claro sobre o tema proposto e se o ponto de vista exposto é devidamente fundamentado com argumentos;
- os argumentos apresentam opiniões e verdades de forma equilibrada;
- está estruturado em introdução (com apresentação da ideia principal ou tese), desenvolvimento (com apresentação dos argumentos) e conclusão;
- os argumentos desenvolvem e fundamentam a ideia principal;
- os recursos escolhidos para fundamentar a argumentação, como relação de causa e consequência, comparação, citação, exemplificação, etc., foram bem escolhidos e fazem o tema progredir.
- a proposta de intervenção está clara e é possível de ser implementada;
- foram mencionados os responsáveis pela execução da proposta de intervenção, assim como as ações que precisam ser realizadas para colocá-la em prática;
- está devidamente organizado em parágrafos conectados entre si;
- a linguagem é objetiva e impessoal e está de acordo com a norma-padrão;
- há coesão textual, feita por meio de expressões adequadas.

Faça as alterações necessárias e deixe seu texto dissertativo-argumentativo pronto para ser inscrito no concurso da **Oficina de Criação**.

Para escrever com COERÊNCIA E COESÃO

A articulação

Para que um texto seja bem redigido e atinja plenamente seus objetivos — o de informar e interagir com o leitor —, não basta que apresente boas ideias; ele deve ter também **articulação de ideias**. A articulação de ideias se dá geralmente por meio de **articuladores lógicos** do texto e de **conectivos**.

Observe a articulação de ideias neste texto:

> Fui à praia. Estava muito sol. Procurei meu protetor solar na bolsa. Não encontrei. Ao final do dia, estava com a pele queimada e ardendo.

Entre as frases desse texto, existem **relações lógicas implícitas** — de causalidade, de oposição, de adição e de conclusão. Para explicitar essas relações, é necessário empregar conjunções. Veja:

> Fui à praia. **Como** estava muito sol, procurei um protetor solar, **mas** não encontrei nenhum **e**, **por isso**, fiquei com a pele toda queimada e ardendo.

Os elementos de articulação cumprem um papel importante na coesão de um texto e na organização das ideias. Observe, no texto dissertativo-argumentativo estudado no início deste capítulo, "Invisibilidade e registro civil: garantia de acesso à cidadania no Brasil", o emprego das palavras e expressões **mesmo** (1º parágrafo), **com efeito** e **desse modo** (2º parágrafo), **ademais** e **assim** (3º parágrafo) e **portanto** (último parágrafo).

a) Assinale, entre as opções a seguir, aquela que corresponde ao tipo de ideia introduzido pela palavra **mesmo** em "A crítica de Portinari continua válida nos dias atuais, mesmo décadas após a pintura [...]".

☐ consequência   ☐ prioridade e relevância

☐ adição ou ênfase   ☐ inclusão e destaque

b) Qual é o papel e o sentido da palavra **ademais** no contexto?

_____
_____
_____
_____

c) Que tipo de ideia a palavra **portanto** introduz, no último parágrafo, em relação ao conteúdo do texto?

_____
_____
_____

Ao fazer esse exercício, você viu que a articulação de ideias pode ser estabelecida tanto no nível das frases quanto no nível do texto. Assim, existem articuladores de dois tipos.

Elementos de coesão no nível das frases: são os pronomes que se referem a termos já expressos ou conjunções que ligam orações, estabelecendo relações de temporalidade, causalidade, consequência, condição, oposição, conclusão, etc.

Elementos de coesão no nível do texto: são recursos linguísticos que estabelecem relação entre partes maiores do texto, como introdução, desenvolvimento e conclusão, e entre os parágrafos. Cumprem esse papel expressões como **por exemplo, dessa forma, por outro lado**; sequências de numerais como **primeiro, segundo, em primeiro lugar, em segundo lugar**; conjunções como **não obstante, apesar de, portanto, assim**.

EXERCÍCIOS

Leia o texto a seguir, observando os articuladores que ele apresenta.

O futuro que é hoje

POR CAROLINA DELBONI

Ano começa, estudos novos são publicados e muito se fala sobre a geração do futuro. Quem eles serão, como vão se comportar, quais serão os hábitos de consumo... E a grande sacada dos estudos mais recentes traz também "qual é a educação do futuro". [...]

De novos formatos pedagógicos ao uso de devices tecnológicos, tudo está se transformando na sala de aula da chamada Geração Alpha (nascidos a partir de 2010, eles vêm depois da Geracão Z que são os jovens adolescentes de hoje), que será cada vez mais personalizada e customizada para os alunos. [...]

Para atender às necessidades dessa geração, escolas e startups de educação adotam estratégias inovadoras e revolucionárias. Em primeiro lugar, os educadores estão buscando novas maneiras de preparar estudantes para tecnologias que ainda precisam ser inventadas. Para viabilizar isso, o currículo escolar está incluindo ferramentas e metodologias pouco ortodoxas, como gamification e design thinking, que devem se tornar conceitos educacionais permanentes na grade das escolas. São conceitos educacionais importantes para uma geração que precisará de criatividade e de uma abordagem colaborativa para sobreviver no mercado de trabalho futuro — aliás, assunto este também tema de muitos estudos e reportagens. [...]

Da mesma forma, a prática de mindfullness passa a integrar a grade de atividades fundamentais, afetando presença e concentração para um melhor aprendizado. Coerentemente com o que o mercado de trabalho tem exigido, criatividade e colaboração se tornam competências fundamentais a serem desenvolvidas desde o ensino fundamental.

Desiludidos com o sistema escolar, modelos de aprendizagem [...] estão considerando a saída do ambiente fechado da sala de aula e substituindo os exames tradicionais por vivência e experimentação. O ato de brincar ganha protagonismo no processo de aprendizado e o empreendedorismo, qualidade natural da geração Alpha, inspira um novo modelo de ensino, que dá mais liberdade para o aluno. Até mesmo regras centenárias de comportamento em aula estão sendo revistas ou até eliminadas, privilegiando uma expressão mais espontânea de identidade para quem aprende. [...]

A sensação de que a educação não está funcionando porque está muito desconectada das necessidades do nosso tempo é presente em muitas sociedades. Conectar os saberes ao mundo real parece uma das chaves de mudança do campo da educação. Educação como algo que antecipa o treinamento de habilidades profissionais, colocando o brincar, o empreendedorismo e a tecnologia no centro do aprendizado. O "passar conteúdo" incide a ter um porquê além do "simples" ensinar o que outras gerações já descobriram. Escolas e educação conectadas com passado, presente e futuro. Como forma de adquirir conhecimento, entendê-lo e saber transformá-lo em futuro.

(Disponível em: https://emais.estadao.com.br/blogs/kids/o-futuro-que-e-hoje/. Acesso em: 24/5/2023.)

1. Observe a conexão interna às frases dos dois primeiros parágrafos:

a) Quais termos são retomados pelos pronomes **eles** e **tudo**?

b) Troque ideias com os colegas e o professor e explique como se dá a concordância de pessoa e número entre esses pronomes e seus referentes.

2. Observe o emprego da locução **em primeiro lugar** no terceiro parágrafo.

   a) Entre as opções a seguir, indique a que exprime a relação estabelecida por essa expressão no texto.

   ☐ tempo e espaço   ☐ prioridade e relevância

   ☐ oposição e concessão   ☐ condição

   ☐ consequência

   b) Qual locução é utilizada no parágrafo seguinte, colocando em paralelo as ideias dos parágrafos 3 e 4?

   _____

3. Ainda no 3º parágrafo, releia o trecho no qual foi utilizado o advérbio **aliás**.

   a) Qual é a função desse termo no contexto?

   _____

   b) Quais outros termos poderiam ser empregados nesse contexto, sem acarretar mudança substancial de sentido ao texto?

   _____

4. Há, no 5º parágrafo, uma locução adverbial que expressa ênfase ao acrescentar uma ação de natureza semelhante à mencionada anteriormente no debate. Indique qual é essa locução.

   _____

5. Observe que as orações do último parágrafo não estão ligadas por conectores, deixando implícitas as relações entre elas. A seguir, estão sugestões de acréscimos para explicitar algumas das relações possíveis entre as orações que o compõem. Complete as lacunas com os termos sugeridos, considerando os sentidos do texto.

| além disso | tudo isso | portanto | em primeiro lugar |

> A sensação de que a educação não está funcionando porque está muito desconectada das necessidades do nosso tempo é presente em muitas sociedades. _____, conectar os saberes ao mundo real parece uma das chaves de mudança do campo da educação. Educação como algo que, _____, antecipa o treinamento de habilidades profissionais, colocando o brincar, o empreendedorismo e a tecnologia no centro do aprendizado. _____, o "passar conteúdo" incide a ter um porquê além do "simples" ensinar o que outras gerações já descobriram. Escolas e educação conectadas com passado, presente e futuro. _____ como forma de adquirir conhecimento, entendê-lo e saber transformá-lo em futuro.

CAPÍTULO 3
Os gêneros argumentativos: a paragrafação

O GÊNERO EM FOCO

Os textos pertencentes à família dos gêneros argumentativos — como o texto de opinião, as cartas argumentativas de reclamação e solicitação, o editorial, a crítica, etc. — e a dissertação escolar têm a finalidade de persuadir o interlocutor. Para que esse objetivo seja alcançado, é necessário planejar o texto e pensar na melhor **estratégia argumentativa**, ou seja, na melhor forma de convencer o leitor. Uma seleção criteriosa de argumentos, por exemplo, é essencial para construir uma boa estratégia argumentativa, mas não é tudo. Também é importante organizar o texto em partes e em parágrafos e diversificar o tipo de argumento utilizado em cada parágrafo.

A paragrafação nos textos argumentativos

Há várias formas de desenvolver a paragrafação de um texto. Conheça algumas delas, lendo o texto a seguir.

Você está dialogando com a juventude?

Somos diversos, e assim queremos ser vistos e representados na política

Helena Branco
Estudante de relações internacionais, 19, é supervisora de programas na Girl Up Brasil
Rebeca Sousa
Estudante de ciências sociais, 18, é líder da Girl Up em Aracaju (SE)

Esta pode ser a eleição com a menor participação jovem desde a redemocratização. Começamos o ano com apenas 12% dos adolescentes entre 16 e 17 anos com título de eleitor, fração muito abaixo de eleições anteriores. Mas não se enganem: não estamos desinteressados na política. Como duas jovens orgulhosamente assinando este artigo, trazemos um spoiler: não somos o futuro, já estamos fazendo história.

Em março de 2022, tivemos quase uma dezena de meninas na mesa diretora do plenário da Câmara dos Deputados durante a apreciação do veto presidencial ao que ficou conhecido como PL dos absorventes. Acontecimento inédito. Nós, meninas, fomos peça fundamental na derrubada do veto: após cinco meses de pressão e articulação políticas, ocupamos nosso espaço no maior palanque político do país.

Jovens na Câmara dos Deputados em 2022 para pressionar parlamentares a votarem a favor do projeto de lei sobre distribuição gratuita de absorventes íntimos para meninas em vulnerabilidade social.

Você, leitor ou leitora, sabia de feitos como esse, protagonizados por jovens que já estão fazendo política?

O preconceito sobre o desinteresse do jovem na política poderia ser motivado pela falta de diálogo intergeracional e pela afirmação constante de uma narrativa dual sobre a juventude. Ou o jovem é uma exceção extraordinária — uma Malala Yousafzai, uma Greta Thunberg, uma Alice Pataxó —, ou um viciado em redes sociais sem nenhum envolvimento comunitário. A realidade, como sempre, é muito mais cheia de nuances. Somos diversos, e assim queremos ser vistos e representados. Como ressignificar essa ideia de jovem que habita o imaginário das outras gerações e assegurar apoio para nossa formação e participação políticas?

Internet incentiva jovens a tirar o título de eleitor.

Nós já estamos na política e queremos mais. Percebemos a curiosidade do jovem em entender esse mundo nebuloso da política. Porém, essa chama só se transforma em interesse quando as pautas dialogam com a gente. Em outras palavras, não faz sentido querermos que os jovens participem das eleições sem nos esforçarmos para criar mensagens com formatos e linguagens que nos acessem. O que falta para a juventude não é interesse, é espaço de protagonismo e apoio.

É o que estamos construindo com a #SeuVotoImporta, uma campanha destemida, divertida e audaciosa que quer contribuir para que esta seja a eleição com maior participação de jovens da história. [...]

Em abril, milhares de títulos de eleitor foram emitidos com a ajuda de jovens que têm movimentado suas escolas e comunidades com o chamado para a participação política. Com banquinhas espalhadas de norte a sul do país, meninas e meninos apoiam uns aos outros na missão de tirar o título e confirmar presença no rolê das eleições. Como o prazo final do Tribunal Superior Eleitoral (TSE) já é nesta quarta-feira (4), nossa corrida está cada dia mais intensa.

[...]

Esse é o poder de um chamado horizontal, menos interessado em dar uma bronca em um suposto encostado e mais comprometido com um diálogo verdadeiro com o jovem que já está mudando o mundo — e que, sim, adora um meme, joga videogame e é viciado em séries. Começamos 2022 com o menor número de jovens aptos a votar da história e agora vemos um crescimento de quase 45% no mês de março, algo que se destaca na comparação com outros anos.

Agora, imagine um país em que apenas os jovens votassem? Temos alguns palpites: maior representatividade de mulheres no Congresso, parlamentares com agendas sólidas com relação às mudanças climáticas e de proteção da Amazônia, projetos que preveem maior investimento na educação pública. Não é utopia, é a realidade tal qual sonhada por jovens que estarão aí para construir pelos próximos 50, 70 anos. Muitos de nós já começaram. Vamos conquistar os que faltam? Vamos fazer deles parte desse futuro mais sustentável e menos desigual?

(Disponível em: https://www1.folha.uol.com.br/opiniao/2022/05/voce-esta-dialogando-com-a-juventude.shtml. Acesso em 29/5/2023.)

1. O texto lido é um **artigo de opinião** publicado em um jornal de grande circulação nacional.

   a) Quem são as autoras do texto? Como elas se apresentam ao leitor?

   _____
   _____

   b) A quem o texto se destina?

   _____
   _____

   c) Qual é a relação entre o perfil das autoras do texto, o tema do artigo de opinião e o público-leitor?

   _____
   _____
   _____

2. Assim como a dissertação escolar, o artigo de opinião apresenta uma tese a ser defendida com argumentos.

   a) Qual é a tese das autoras?

   _____
   _____

   b) Em qual parágrafo elas explicitam essa tese?

   _____

3. O parágrafo de um texto argumentativo pode ser construído de diferentes formas. As autoras utilizam algumas estratégias para introduzir o assunto e sustentar a tese que defendem. Entre as opções a seguir, deduza quais foram as estratégias utilizadas em cada um dos três parágrafos iniciais do texto, estabelecendo a devida correspondência.

   I. Alusão a acontecimento recente de grande impacto social para despertar a atenção do leitor desde o início.

   II. Interrogação direcionada ao leitor para despertar alguma reflexão sobre o assunto a ser desenvolvido no texto.

   III. Exemplo pessoal, na tentativa de construir uma intimidade com o leitor conquistando a empatia dele.

   IV. Dados numéricos relacionados ao tema do texto.

   V. Exemplo geral, que pode ou não ser associado à realidade pessoal das autoras e do leitor, na tentativa de criar aproximação.

   ☐ 1º parágrafo   ☐ 2º parágrafo   ☐ 3º parágrafo

4. Uma forma de iniciar um parágrafo em um texto argumentativo é levantar hipóteses sobre as causas de determinado fenômeno social, político, cultural ou fazer uma declaração inicial, dada como certa, sobre o fenômeno. Releia o 4º parágrafo do texto e responda:

   a) O 4º parágrafo começa com uma hipótese ou com uma afirmação das autoras? Justifique sua resposta com termos do texto.

   b) Deduza: O que seria a "narrativa dual" sobre os jovens?

   c) Qual afirmação das autoras do texto contesta a "narrativa dual" sobre os jovens?

5. Agora analise a construção argumentativa do 5º parágrafo.

   a) Ele é iniciado com uma hipótese ou com uma declaração das autoras? Justifique sua resposta.

   b) Troque ideias com os colegas e o professor: As autoras se baseiam em resultados de pesquisas científicas recentes ou em uma afirmação consensual, aceita como verdadeira? Justifique sua resposta com um termo do texto.

   c) Ao final do mesmo parágrafo, as autoras fazem uma declaração expondo o ponto de vista delas sobre o interesse da juventude em política. Qual é o argumento das autoras?

6. Também é possível desenvolver o parágrafo argumentativo por meio do estabelecimento de relações de causa e consequência. No 7º parágrafo, por exemplo, é apontada a causa de milhares de títulos de eleitor terem sido emitidos em abril do ano em que o texto foi publicado. Qual é a causa desse fato?

7. No último parágrafo, as autoras criam uma situação hipotética, imaginando como seria se somente os jovens votassem.

   a) Qual seria o resultado dessa votação, de acordo com as autoras?

   _____
   _____
   _____
   _____
   _____

   Jovem exercendo o direito ao voto.

   b) Qual é o tipo de conclusão adotado pelas autoras: retomada do texto, realização de proposta ou apresentação de novos dados mais contundentes?

   _____
   _____

8. Observe a linguagem do texto:

   a) O perfil das autoras, jovens estudantes, também é refletido em algumas escolhas linguísticas. Identifique, no 1º e no 7º parágrafos, palavras que marcam esse perfil das autoras do texto.

   _____

   b) A variedade linguística utilizada na escrita do texto está de acordo com a norma-padrão? Ela é formal ou informal?

   _____
   _____

   c) A maioria dos verbos está conjugada em que pessoa verbal? Por que essa opção é adotada?

   _____
   _____

   d) Qual é o tempo verbal predominante? O que justifica o destaque desse tempo verbal no texto?

   _____
   _____
   _____
   _____

Ao longo do estudo do texto, você conheceu alguns tipos de desenvolvimento de parágrafo de textos argumentativos, entre eles: por **dados numéricos e estatísticos**, por **interrogação**, por **declaração inicial**, por **levantamento de hipóteses** e por **relações de causa e consequência**. Além desses tipos, conheça alguns outros a seguir.

Comparação

Veja um exemplo de parágrafo com argumentação por comparação.

"Nem todos os imigrantes ou mesmo brasileiros desta época conseguiram ir tão longe. Meu avô, assim como outros com trajetória parecida, são exceções, fogem à regra. Mas, de maneira geral, um jovem pobre tinha mais chances de progredir econômica e socialmente no Brasil pelo seu próprio esforço até meados do século passado do que a partir de suas décadas finais."

(Ana Maria Diniz. Como sua vida é diferente da vida de seus pais? *Estadão*, 2/8/2018. Disponível em: https://educacao.estadao.com.br/blogs/ana-maria-diniz/como-sua-vida-e-diferente-da-vida-de-seus-pais/. Acesso em: 29/5/2023.)

No trecho, a autora compara a vida dos imigrantes em geral e a vida do avô dela e de outros com trajetória parecida.

Citação

Na argumentação por citação, uma voz de autoridade é trazida para o texto, por meio de discurso direto ou discurso indireto, para sustentar a argumentação e dar credibilidade ao que é dito.

"Quase 80 anos se passaram desde o fim da 2ª Guerra Mundial e o Holocausto, a maior erupção de ódio e consequente genocídio jamais perpetrado. 'Aqueles que não aprendem com os erros do passado são condenados a repeti-los', disse o filósofo George Santayana. A monstruosidade do nazismo vacinou o mundo ocidental contra a intolerância durante estes 80 anos. Mas faltaram doses de reforço. Não apenas no Brasil: no mundo todo, a mesma trágica farsa volta a encantar ignorantes iludidos."

Entrada do campo de concentração e de extermínio de Auschwitz, na Polônia.

(Gabriel Waldman. Faltam doses de reforço contra a tolerância ao nazismo. *Folha de S.Paulo*, 26/1/2023. Disponível em: https://www1.folha.uol.com.br/opiniao/2023/01/faltam-doses-de-reforco-contra-a-intolerancia-ao-nazismo.shtml. Acesso em: 26/5/2023.)

No exemplo lido, uma declaração do filósofo George Santayana é utilizada como voz de autoridade sobre o tema tratado.

Alusão histórica

Considerando ainda o exemplo de argumentação por citação, vemos que, para defender que é preciso reforçar o combate ao discurso de ódio e a ideologias como o nazismo, o artigo de opinião faz uma retomada histórica sobre a 2ª Guerra Mundial e o Holocausto. Nesse tipo de desenvolvimento argumentativo, é comum utilizar o passado para situar o problema enfocado no presente. No parágrafo lido, o autor retoma o que ocorreu após o Holocausto para afirmar que a mesma ideologia volta a aparecer no Brasil e no mundo atualmente.

Detalhamento

Nesse tipo de parágrafo, as ideias secundárias detalham a ideia-núcleo. Veja:

"Hoje, me dedico a combater a intolerância em todas as suas manifestações. Faço parte da ONG internacional StandWithUs, cuja finalidade é justamente esta: combater pelo diálogo e pela educação a proliferação do ódio. Ministramos palestras gratuitas em escolas e universidades e demais organizações que as desejarem. Participo como sobrevivente do Holocausto com meu depoimento pessoal. Ao longo do tempo, tive a satisfação de ajudar na inoculação de milhares de jovens contra o mal."

(Gabriel Waldman. Faltam doses de reforço contra a tolerância ao nazismo. *Folha de S.Paulo*, 26/1/2023. Disponível em: https://www1.folha.uol.com.br/opiniao/2023/01/faltam-doses-de-reforco-contra-a-intolerancia-ao-nazismo.shtml. Acesso em: 26/5/2023.)

No parágrafo citado, a ideia-núcleo — o fato de o autor do texto se dedicar a combater a intolerância — é detalhada por meio das ideias secundárias — o que o autor faz para atingir esse objetivo: combater a proliferação do ódio por meio do diálogo e da educação, ministrando "palestras gratuitas em escolas e universidades e demais organizações que as desejarem".

Divisão

"Uma vergonha. Talvez poucas palavras expressem tão bem o atual estágio de desenvolvimento (ou será atraso?) científico e tecnológico do Brasil. Os números são eloquentes. Se, por um lado, somos uma das 15 maiores economias do mundo, com um PIB superior a US$ 510 bilhões, por outro amargamos um modestíssimo 43º lugar no ranking de desenvolvimento tecnológico. A estatística, elaborada pela ONU, leva em conta a qualificação da mão de obra do país e a capacidade da população de dominar novas tecnologias. Nessa corrida, somos superados por países economicamente inexpressivos, como Panamá e Costa Rica, e estamos no mesmo nível de nações reconhecidamente subdesenvolvidas, como Trinidad e Tobago, Bolívia e Peru."

(Yuri Vasconcelos. *Superinteressante*, edição especial: Cidadania, maio 2003.)

Observe que a ideia-núcleo apresenta uma divisão: o Brasil, sob um aspecto, pode ser considerado um país com uma das maiores economias do mundo; sob outro aspecto, entretanto, coloca-se ao lado de países subdesenvolvidos. As ideias secundárias explicam, com dados objetivos, essa divisão.

Definição

Nesse tipo de parágrafo, o objetivo é desenvolver uma definição ou um conceito.

"Que a liberdade de expressão é um direito fundamental é algo que não se discute. Na maioria dos países civilizados, a liberdade de expressão está consagrada como um direito fundamental. Interessa-nos estudar agora as justificativas (filosóficas e jurídicas) que levaram a liberdade de expressão a ser considerada como um direito fundamental."

(Cláudio Chequer. Por que a liberdade de expressão é um direito fundamental? Disponível em: http://www.prrj.mpf.mp.br/sala-de-imprensa/artigos-de-procuradores/por-que-a-liberdade-de-expressao-e-um-direito-fundamental. Acesso em: 26/6/2023.)

No parágrafo lido, o autor define o que é liberdade de expressão na maioria dos países civilizados.

Ilustração

Esse tipo de parágrafo é introduzido por uma pequena narrativa que serve de ilustração do assunto, causando um efeito emocional direto no leitor, pois o faz vivenciar de perto a situação em análise.

"Henrique gostava de rock. Mas não era aquele roqueiro chato da escola que fica sozinho no canto do recreio, com os fones de ouvido no máximo. Ele gostava de conversar com todos, principalmente sobre animes, personagens japoneses, cultura 'otaku' e futebol. Torcia para o São Paulo. Apesar de sermos de Fortaleza, quase todo mundo acaba torcendo para um time do Sudeste. Na hora da merenda, a gente volta e meia fazia alguma brincadeira com o tamanho do prato do Henrique. Ele comia muito mesmo. E ainda enchia uma vasilha para levar. Morava com a mãe. O pai tinha ido embora. Um dia, no ensino médio, tivemos uma roda de conversa e Henrique desabafou. Chorou e revelou que a merenda, durante todo o tempo, tinha sido a única refeição do dia para ele e a mãe. Sem a merenda escolar, aquela família teria morrido de fome."

(Jade Beatriz. A gente não quer só comida, mas sem comida não dá. *Folha de S.Paulo*, 26/2/2023. Disponível em: https://www1.folha.uol.com.br/opiniao/2023/02/a-gente-nao-quer-so-comida-mas-sem-comida-nao-da.shtml. Acesso em: 26/6/2023.)

No parágrafo lido, retirado de um texto que discute o tema da fome e da insegurança alimentar de crianças e adolescentes, a autora conta um pouco da história de um amigo que fazia sua principal refeição diária, e às vezes a única, com a merenda escolar.

AGORA É A SUA VEZ

Você já sabe que vai participar, ao final desta unidade, de um concurso de poemas e dissertações. Neste capítulo, você vai produzir mais um texto para se inscrever no concurso.

A seguir, leia com atenção outra proposta de elaboração de texto dissertativo-argumentativo em situação de processo seletivo, também para acesso ao Cotuca, escola de ensino médio técnico vinculada à Unicamp. Observe as orientações e elabore seu texto dissertativo-argumentativo com base nessa proposta. Fique atento à construção de cada um dos parágrafos, tomando por base as diferentes estratégias estudadas neste capítulo.

Processo Seletivo COTUCA 2023

PROPOSTA DE REDAÇÃO

O assunto abordado por esta prova de redação certamente não é uma novidade para você. A persistência do racismo em ações cotidianas e em crimes de grande repercussão alerta para a gravidade e para a dificuldade de eliminá-lo da estrutura da sociedade brasileira. Tomando como base a leitura dos quatro textos a seguir, elabore um texto dissertativo-argumentativo, redigido em até 30 linhas, que discuta o seguinte tema: **a importância de ações antirracistas promovidas por adolescentes brasileiros para a construção de uma sociedade justa e democrática**.

Texto I

Todos os seres humanos nascem livres e iguais em dignidade e direitos [...], sem distinção de qualquer espécie, seja de raça, cor, sexo, língua, religião, opinião política ou de outra natureza, origem nacional ou social, riqueza, nascimento, ou qualquer outra condição.

Adaptado de Tratado Internacional - Declaração Universal dos Direitos Humanos (1948).
Disponível em http://www.pge.sp.gov.br/centrodeestudos/bibliotecavirtual/instrumentos/2decla.htm. Acesso em 20 jul. 2022.

Texto II

O antirracismo pode ser definido como práticas individuais ou coletivas contra o racismo, a exemplo da atividade de movimentos sociais e organizações da sociedade civil, da criação de legislações e políticas públicas, além da produção de discursos, ideologias, imagens e representações, isto é, todas as ações de combate a estereótipos, preconceitos, discriminações e desigualdades de cunho racial em diferentes esferas da vida social.

Adaptado de Ancestralidades. Disponível em https://www.ancestralidades.org.br/termos-e-conceitos?entry=5.
Acesso em 20 jul. 2022.

Texto III

O rapper Mano Brown, em seu podcast "Mano a Mano", entrevistou a filósofa Sueli Carneiro. Leia alguns trechos dessa entrevista a seguir.

Mano Brown - Salve rapa, salve massa. Chegou quinta-feira, o seu "Mano a Mano". Se liga nessa: Sueli Carneiro, uma das mulheres mais poderosas do Brasil, escritora, ativista, filósofa e doutora em Educação pela Universidade de São Paulo; já publicou mais de 150 artigos em jornais, revistas e livros; intelectual essencial no movimento negro brasileiro. [...]

Sueli, você acredita que a nossa liberdade passa por esse caminho de empreendedorismo?

Sueli Carneiro - São múltiplas as estratégias de luta que nós temos que desenvolver pra sobreviver nessa sociedade que tanto nos exclui. Eu acho que a gente tem que buscar conscientizar nossa gente. A gente só pode ter por horizonte a luta coletiva, a emancipação coletiva. O fato do Mano Brown ser individualmente um artista reconhecido não traz prestígio para a nossa coletividade negra. E isso vale para todos nós que individualmente ascendemos. O que nós precisamos construir é o resgate da dignidade humana, da nossa coletividade negra.

Mano Brown - Inclusive brancos participando?

Sueli Carneiro - Claro! Mas isso é uma novidade. Eu tenho vários aliados brancos. Estamos todos de acordo em relação ao seguinte ponto: toda pessoa branca, queira ela ou não, é beneficiária do racismo. Os meus amigos, os meus parceiros brancos, eles estão convencidos disso, que toda pessoa branca, a despeito da sua vontade, é beneficiária de tudo que o racismo produz. Mas nem toda pessoa branca é necessariamente signatária desse pacto perverso. E tem gente que recusa esse pacto. E tem gente que pergunta: "como eu posso ser parceiro nessa luta?". Eu pergunto para todos eles: quem acha que pode renunciar a essas vantagens advindas de uma ideologia perversa? [...]

Mano Brown - O que é uma liberdade sólida pra pessoa negra no século 21?

Sueli Carneiro - A nossa rede de liberdade só vai se realizar quando nós tivermos direitos econômicos, culturais, políticos, civis e sociais assegurados. Isso significa ter direito a educação, a saúde, não precisar morrer de mortes previsíveis e evitáveis, como a gente morre todo dia, a gente ter direito também a uma educação de qualidade e que respeite a diversidade e a dignidade humana de todas as pessoas que compõem esse país. Porque não adianta ser uma educação reacionária, ela não é emancipatória. Tem que ser uma educação que seja libertária e que, por exemplo, valorize a diversidade humana que habita essa nação.

Transcrito e adaptado do episódio "Mano Brown recebe Sueli Carneiro", do Podcast Mano a Mano. Disponível em https://open.spotify.com/episode/2eTloWb3Nrjmog0RkUnCPr. Acesso em 07 ago. 2022.

Texto IV

A discriminação racial persiste no cotidiano das crianças brasileiras e se reflete nos números da desigualdade entre negros, indígenas e brancos. Com a campanha **Por uma infância sem racismo**, o UNICEF alerta a sociedade sobre os impactos do racismo na infância e adolescência e a necessidade de uma mobilização social que assegure o respeito e a igualdade étnico e racial desde a infância. Baseada na ideia de ação em rede, a campanha convida pessoas, organizações e governos a garantir direitos de cada criança e de cada adolescente no Brasil.

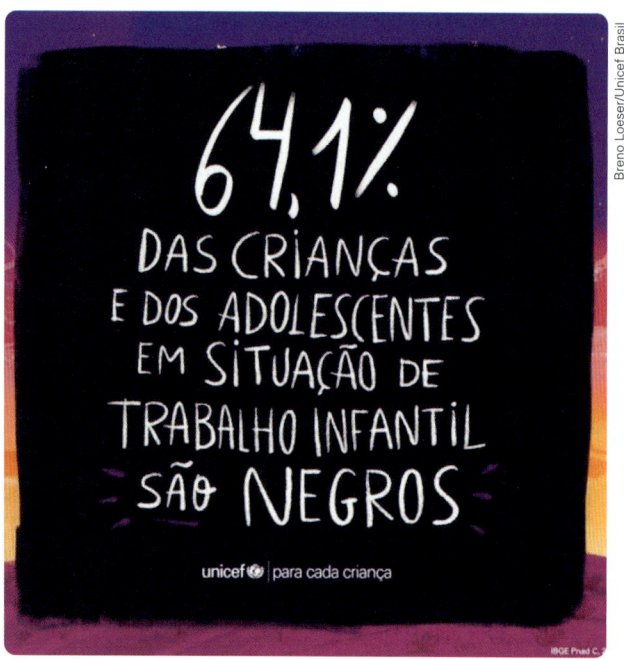

- Eduque as crianças para o respeito à diferença. Ela está nos tipos de brinquedos, nas línguas faladas, nos vários costumes entre os amigos e pessoas de diferentes culturas, raças e etnias. As diferenças enriquecem nosso conhecimento.

- Textos, histórias, olhares, piadas e expressões podem ser estigmatizantes com outras crianças, culturas e tradições. Indigne-se e esteja alerta se isso acontecer – contextualize e sensibilize!

- Não classifique o outro pela cor da pele. Lembre-se: racismo é crime.

- Denuncie! Em todos os casos de discriminação, busque defesa no conselho tutelar, nas ouvidorias dos serviços públicos, na OAB e nas delegacias de proteção à infância e adolescência. A discriminação é uma violação de direitos.

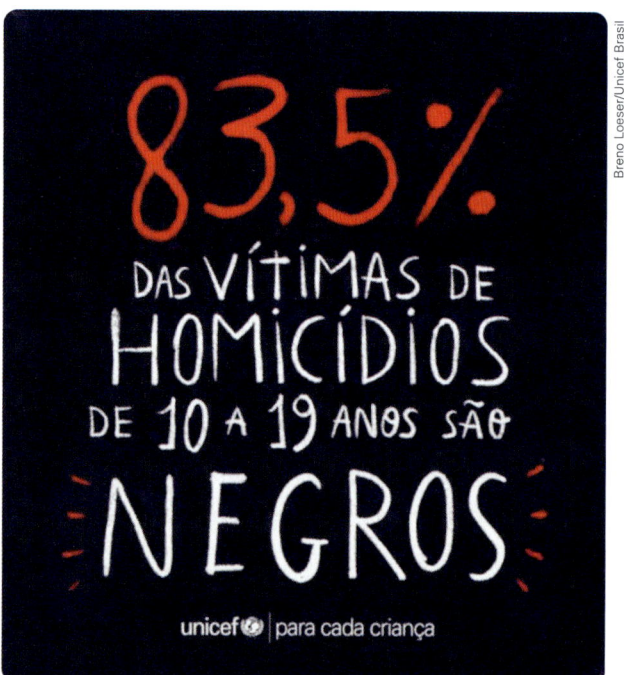

- As escolas são grandes espaços de aprendizagem. Em muitas, as crianças e os adolescentes estão aprendendo sobre a história e a cultura dos povos indígenas e da população negra; e como enfrentar o racismo.

Adaptado de Por uma infância sem racismo.
Disponível em https://www.unicef.org/brazil/por-uma-infancia-sem-racismo. Acesso em 20 jul. 2022.

(Processo Seletivo Cotuca 2023. Campinas: Cotuca, 2023. p. 3-4.
Disponível em: https://exame.cotuca.unicamp.br/arquivos/provas_anteriores/Vestibulinho%202023.pdf. Acesso em: 26/6/2023.)

Planejamento do texto

- Siga fielmente todas as orientações dadas na proposta.
- Leve em consideração os leitores do seu texto: colegas de turma, outros colegas, professores e funcionários da escola, familiares e amigos que estarão no papel de avaliadores do seu texto.
- Em primeiro lugar, tome uma posição sobre o tema. Qual é seu ponto de vista sobre o assunto? Que ideia você pretende defender?
- Depois de definida a ideia principal, ou tese, decida quais e quantos argumentos vai utilizar para fundamentá-la: vai fazer citações, citar pesquisas e dados científicos e estabelecer comparações?
- Defina como vai utilizar as ideias dos textos motivadores da proposta.
- Pense no tipo de conclusão que vai desenvolver: uma conclusão-síntese ou uma conclusão-proposta? Se for do segundo tipo, qual será a proposta?
- Planeje bem seu texto para não ultrapassar o limite de 30 linhas.

Escrita

Ao produzir seu texto dissertativo-argumentativo, leve em consideração as seguintes orientações:

- procure criar parágrafos bem-estruturados, utilizando as estratégias estudadas;
- organize seu texto em parágrafos. Você pode apresentar a ideia principal de seu texto no 1º e no 2º parágrafos e, nos seguintes, expor os argumentos que vão fundamentá-la. No último parágrafo, apresente a conclusão;
- utilize informações e dados dos textos de referência da proposta, articulando-os à sua argumentação;
- utilize seus conhecimentos de mundo e conhecimentos especializados relacionados ao tema para sustentar seus argumentos;
- empregue uma linguagem objetiva, impessoal, com verbos na 3ª pessoa e de acordo com a norma-padrão;
- sempre que possível, estabeleça relações entre os parágrafos do texto, retomando e expandindo ideias já mencionadas;
- estabeleça conexões entre os parágrafos, de modo que seja possível, para o leitor, compreender as relações existentes entre eles: de retomada, aprofundamento, exemplificação, etc.;
- empregue expressões de coesão textual, como **além disso**, **por outro lado**, **entretanto**, **por isso**, **portanto**, etc.

Revisão e reescrita

Antes de finalizar seu texto, releia-o, observando se ele segue as orientações do capítulo anterior, na página 141, e verifique se:

- os parágrafos estão bem-estruturados;
- os parágrafos estabelecem relações entre si, fortalecendo a coesão textual.

OFICINA DE CRIAÇÃO

Projeto » Concurso cultural

Nesta unidade, você produziu paródias, haicais, videopoemas e dissertações a fim de se inscrever no concurso cultural que você e os colegas organizarão neste capítulo.

Há, a seguir, algumas orientações para a organização do concurso.

Em primeiro lugar, é necessário formar o júri responsável pela avaliação e pela classificação dos textos. O júri poderá ser formado com professores, funcionários da escola, amigos, familiares e colegas de outras turmas. Em segundo lugar, o júri deve estar de acordo com as regras do concurso e com os prazos de leitura e entrega do material a ser avaliado.

1. Montando a comissão julgadora e selecionando os textos

- Convidem professores e funcionários da escola, colegas de outras turmas, amigos e familiares para compor a comissão julgadora e avaliar os textos participantes do concurso.

- Para que os jurados não tenham um número muito grande de textos para ler, estabeleçam regras que limitem o número de inscritos por modalidade, como: cada aluno pode se inscrever com um único texto em, no máximo, duas modalidades/dois gêneros diferentes.

- Separem os jurados em diferentes comissões, de forma que cada comissão fique responsável por avaliar uma modalidade/gênero: paródia, haicai, videopoema, dissertação. Cada comissão deverá ter um mínimo de três jurados.

- Digitem os textos selecionados e façam cópias, montando *kits* que serão entregues a cada jurado, com os textos a serem lidos, as propostas que deram origem aos textos e os critérios de julgamento. Ao digitar os textos, lembrem-se de retirar o nome dos autores, para que a autoria seja mantida em sigilo e não influencie nas notas. Para que os textos não se misturem, deem um número a cada um deles e guardem a correspondência entre o número e o autor a fim de recuperá-los na divulgação dos resultados.

2. Elaborando os critérios

- Definam os critérios que os jurados deverão levar em conta ao avaliar os textos.

- Alguns critérios podem variar entre as diferentes modalidades: no caso da dissertação, são importantes critérios conhecimento e domínio do tema, capacidade de argumentação e persuasão, clareza de ideias; já no caso dos poemas, pode ser visto o uso de recursos de linguagem, como sonoridade, imagens, ritmo, criatividade.

- Alguns critérios podem ser comuns a todas as modalidades, como:
  - adequação ao gênero e à proposta;
  - adequação da linguagem;
  - fluência do texto;
  - envolvimento do leitor.
- Montem uma tabela com os critérios escolhidos e orientem os jurados a dar notas de 0 a 10 aos diferentes textos, segundo os critérios preestabelecidos, para que a seleção seja feita de forma justa. Imprimam essa tabela e entreguem-na com os textos aos jurados.
- Combinem com os jurados uma data para a devolução dos textos e das tabelas preenchidas com as notas.

3. Conferindo e divulgando o resultado do concurso

- Decidam como vão fazer a divulgação dos resultados: se convidarão os jurados para um evento, no qual eles tenham tempo para falar e expor algumas impressões sobre o concurso e sobre os textos lidos, ou se farão vocês mesmos a divulgação dos resultados.
- Caso optem pelo evento, convidem a comunidade escolar para comparecer, torcer e assistir. Além disso, é preciso eleger colegas que atuarão como mestres de cerimônia no dia do evento.
- Se decidirem não realizar um evento, definam o meio de divulgação: mural no corredor da escola, *site* da escola, *blog* da turma, etc.
- Independentemente da forma de divulgação, vocês precisam recolher os envelopes na data combinada com os jurados e fazer a soma dos pontos para conhecer os vencedores. Para tanto, organizem-se em grupos, de forma que os alunos inscritos em uma modalidade fiquem responsáveis por tabular os resultados de outra modalidade. Assim, os campeões não saberão que venceram antes da hora.
- Para tabular os dados, vocês podem contar com a ajuda do professor de Matemática.
- Estipulem uma premiação para o concurso: façam diplomas que certifiquem a posição dos primeiros colocados, confeccionem medalhas ou faixas a serem entregues aos colegas premiados. Para tanto, vocês podem contar com a ajuda dos professores de Arte e de Informática ou Robótica.

Filipe Galvão/Acervo da editora

UNIDADE 4

Por um consumo sustentável

Esta unidade de ensino contempla:

28 habilidades da BNCC

Habilidades dos campos jornalístico-midiático e de atuação na vida pública, com foco na produção de cartilhas, na realização de debates e apresentações orais e na criação de painéis.

5 gêneros textuais

Debate deliberativo, dica, cartilha, apresentação oral e painel científico.

2 recursos: Para escrever com coerência e Para escrever com técnica

A não contradição; o resumo.

53 atividades: compreensão, interpretação, oralidade e escrita

Diversas atividades individuais e em grupo; propostas de criação de cartilhas educativas, debates, resumos, painéis e apresentações orais.

Projeto: Oficina de Criação

Participar com os colegas da organização de uma feira contra o consumismo, com o lançamento de cartilhas educativas e a divulgação de dicas de consumo sustentável, além de debates, apresentações orais e exposições de painéis.

Penso e passo

Quando penso que uma palavra
Pode mudar tudo
Não fico mudo
Mudo

Quando penso que um passo
Descobre o mundo
Não paro o passo
Passo

E assim que passo e mudo
Um novo mundo nasce
Na palavra que penso.

(Alice Ruiz. *Poesia pra tocar no rádio*. Rio de Janeiro: Blocos, 1999.)

FIQUE LIGADO! Pesquise!

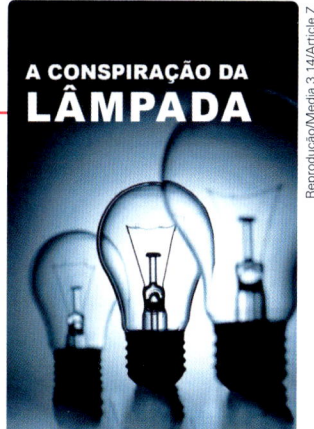

A conspiração da lâmpada, de Cosima Dannoritzer; Wall-E, de Andrew Stanton; O sal da terra, de Wim Wenders e Juliano Salgado; Lixo extraordinário, de Lucy Walker; Koyaanisqatsi — uma vida fora de equilíbrio, de Godfrey Reggio; Home — nosso planeta, nossa casa, de Yann Arthus-Bertrand; 2012 — tempo de mudança, de João Amorim; Os delírios de consumo de Becky Bloom, de P. J. Hogan; Virunga, de Orlando von Einsiedel; Mission blue, de Robert Nixon e Fisher Stevens; Mataram Irmã Dorothy, de Daniel Junge; Cowspiracy — o segredo da sustentabilidade, de Kip Andersen e Keegan Kunh; Trashed — para onde vai nosso lixo, de Candida Brady.

Veja também os curtas Do luxo ao lixo, de Rodrigo dos Santos e Thiago Lourenço, Lixo, de Macaue e Vidas no lixo, de Alexandre Stockler e outros.

Vendem-se unicórnios (Ática), de Índigo; Amazonas — águas, pássaros, seres e milagres (Salamandra) e Mormaço na floresta, de Thiago de Mello (Global); Consumo responsável em ação — tecendo relações solidárias entre o campo e a cidade, de Juliana Rodrigues Gonçalves e Thais Silva Mascarenhas (Instituto Kairós); Manual para jovens sonhadores, de Nathalie Trutmann; Moda sustentável — um guia prático, de Alison Gwilt (GG Brasil); Pra que dinheiro?, de Ziraldo (Globo); Conservação da natureza — E eu com isso?, de José Truda Palazzo Jr. e João Bosco Priamo (Fundação Brasil Cidadão).

- https://www.recicloteca.org.br/
- https://www.pensamentoverde.com.br/
- https://akatu.org.br/
- https://institutokairos.net/publicacoes/

"Admirável chip novo", de Pitty; "Busca vida", da banda Os Paralamas do Sucesso; "O sal da terra", de Beto Guedes; "Absurdo", de Vanessa da Mata; "Eles não tão nem aí" e "Ser feliz", de Rael; "Consumo", da banda Plebe Rude.

FIQUE LIGADO! Escreva!

Vivemos em um mundo que estimula o consumo a todo instante pela TV, pelo rádio, pela internet, pelas redes sociais, pelos *outdoors*, etc. Será que realmente precisamos de tudo o que já temos e do que ainda pretendemos ter?

Você conhece a história de Robinson Crusoé? Esse famoso personagem da literatura universal é um náufrago que passou 28 anos em uma ilha deserta. Agora imagine que você passe a viver em uma ilha deserta, sem contato com outras pessoas nem com outros lugares fora da ilha. O que você acha que seria realmente indispensável ter para sobreviver? Em uma folha à parte, faça uma lista com as dez coisas que você levaria para a ilha. Depois, compartilhe sua lista com os colegas da turma.

DE OLHO NOS GÊNEROS

Na sociedade atual, marcada pela grande exposição na internet e em redes sociais, o consumo é cada vez mais visto como sinônimo de *status* e felicidade. Para ser capaz de ter uma postura crítica em relação ao consumismo, determinadas práticas de linguagem e determinados gêneros cumprem um papel fundamental.

No debate deliberativo, por exemplo, é possível argumentar, fazer propostas e persuadir outras pessoas, mobilizando-as para uma mudança de comportamento e para a realização de ações concretas em prol da cidadania e do meio ambiente. Por meio de gêneros como cartilha, dica, exposição oral e painel, podemos explicar cientificamente alguns fenômenos e, ao mesmo tempo, ensinar a população em geral a agir de forma adequada em determinadas situações. Converse com os colegas e o professor sobre o que sabe desses gêneros. Depois, leia os textos a seguir.

O debate deliberativo

O debate deliberativo é um gênero relacionado com as formas democráticas de participação social e de exercício da cidadania, especialmente no campo de atuação na vida pública. Por isso, seu contexto de produção são as situações em que um grupo de pessoas reunidas decide como agir socialmente; por exemplo, em uma reunião de jovens voluntários, de membros de uma comunidade, de estudantes ligados ao grêmio estudantil, de trabalhadores de um sindicato, etc. Em um debate deliberativo, os participantes não apenas trocam diferentes pontos de vista sobre um tema polêmico mas também deliberam, isto é, decidem quais ações pretendem realizar a fim de alcançar determinado objetivo.

Apresentação oral e painéis

A exposição oral de ideias remonta aos gregos e romanos da Antiguidade, com a Retórica e a Oratória, e vem sendo estudada e difundida há muitos séculos. No ambiente escolar e acadêmico, tanto a apresentação oral quanto os painéis cumprem a função de divulgar conhecimentos a um público, especializado ou diversificado. Os painéis, com sua capacidade de sintetizar e organizar informações, podem ser utilizados como suporte para a apresentação oral.

Dicas e cartilhas

Por vezes, é necessário informar a população a respeito de certos temas importantes e urgentes, como a importância da prevenção de doenças como tuberculose e febre amarela, entre diversas outras, ou o combate à disseminação de *fake news*. Para isso e para outros fins, existem gêneros como a cartilha e as dicas. Ambas transmitem informações de forma organizada e acessível, em linguagem comum, e cumprem a função de ensinar a população a agir em relação a certos problemas que a afligem.

COMO COMBATER A DESINFORMAÇÃO?

A **informação é a melhor forma de combater a desinformação**. Por isso, é indispensável identificar se a informação recebida é de fato verdadeira. Existem algumas estratégias para tentar identificar uma informação inverídica:

☞ **Pesquise** se a notícia foi divulgada em outros sites e portais confiáveis, como jornais ou canais de comunicação oficiais. Ler sobre a mesma notícia em diferentes canais para ter a informação de diferentes pontos de vista e comparar os dados;

☞ **Analise** a fonte da notícia. É fundamental verificar se a informação está atrelada a um site oficial, confiável ou algum dado de autoria;

☞ **Atente** para a data da publicação! É corriqueiro no âmbito da desinformação reproduzir algo antigo como se atual fosse; Seja crítico ao ver qualquer notícia! A desinformação costuma ter títulos sensacionalistas, links e dados duvidosos, erros ortográficos;

☞ **Busque** a informação em páginas das agência de checagem. As agências de checagem são de acesso aos internautas para verificar a veracidade dos conteúdos recebidos e acessados na internet (redes sociais, aplicativos de celular, sites). Abaixo trouxemos links para algumas agências de checagem:

Cartilha de Combate à desinformação na Política

Página com dicas para identificar *fake news*, que compõe a cartilha *Combate à desinformação na política*, elaborada pela Comissão Especial de Direito Eleitoral da OAB Nacional.

(Disponível em: https://www.oabgo.org.br/arquivos/downloads/cartilha-digital-combate-a-desinformac807-a771-o-poli769-tica-caape-v4-106431.pdf. Acesso em: 29/6/2023.)

OFICINA DE CRIAÇÃO

Projeto » Caminhos para o consumo sustentável

Ao final desta unidade, você e os colegas vão organizar uma feira contra o consumismo. Para tanto, vocês produzirão cartilhas educativas, textos de dicas e resumos ao longo dos próximos capítulos. No dia da feira, além de lançar as cartilhas e divulgar as dicas, vocês vão promover debates, fazer apresentações orais e expor painéis, tudo em prol do estímulo a um consumo sustentável.

CAPÍTULO 1 — O debate deliberativo

O GÊNERO EM FOCO

Você aprendeu, no 8º ano, o que é um debate regrado e como se participa dele. Neste capítulo, vai conhecer o debate deliberativo, um gênero oral que também pertence à família dos gêneros argumentativos.

Tal como o debate regrado, o debate deliberativo é frequentemente utilizado em situações sociais em que há necessidade de conhecer diferentes ângulos e pontos de vista sobre um assunto polêmico. Porém, além disso, o debate deliberativo tem por finalidade deliberar, isto é, tomar decisões com o intuito de agir e resolver ou encaminhar o problema debatido.

Enquanto gênero textual diretamente ligado às práticas sociais democráticas, o debate deliberativo possibilita às pessoas confrontar ideias, apresentar pontos de vista, fazer propostas e, democraticamente, votar e deliberar sobre a melhor forma de resolver o assunto em discussão.

As deliberações de um debate

As deliberações geralmente envolvem ações sociais que variam de acordo com a situação, ou seja, com o objetivo de cada uma delas, a quem se dirige, de quanto tempo e de que recursos materiais e humanos se dispõe, etc. Assim, as deliberações podem consistir em medidas como:

- produção de faixas, cartazes, folhetos ou cartas abertas dirigidas à comunidade com a finalidade de informá-la a respeito de um problema;
- produção de cartas argumentativas (de reclamação ou de solicitação) ou de um abaixo-assinado a serem encaminhados a uma autoridade;
- criação de um estatuto de normas ou regras;
- organização de uma campanha, de uma manifestação pública ou de uma feira ou uma mostra;
- uma denúncia encaminhada à imprensa falada e escrita;
- realização de um debate público ou de uma assembleia envolvendo toda a comunidade;
- produção de cartilhas e dicas para orientar a população sobre como sanar o problema ou diminuir seus efeitos.

Alunos no pátio da Escola Estadual Alfredo Paulino, em São Paulo (SP), durante debate com professores.

AGORA É A SUA VEZ

Com a orientação do professor, assista na plataforma Plurall ao vídeo de um debate deliberativo e, em seguida, prepare-se para participar de um.

Preparando o debate deliberativo

Leia os textos a seguir.

Texto 1

O impacto ambiental do consumismo na Black Friday

Anne-Sophie Brändlin

Data originada nos EUA e exportada para outros países gera um verdadeiro frenesi de compras mundo afora. E a sedução das promoções representa um grande fardo para o meio ambiente, apontam especialistas.

[…] Todos os anos, no final de novembro, os varejistas bombardeiam clientes em potencial com e-mails e anúncios sobre preços reduzidos na esperança de liquidar seus estoques antes do Natal. […]

Aumento das emissões

"A Black Friday é uma tendência extremamente preocupante", afirma Phil Purnell, professor de Materiais e Estruturas da Escola de Engenharia Civil da Universidade de Leeds, no Reino Unido.

"O consumo tem um enorme impacto ambiental, não apenas em termos de poluição gerada durante a mineração e no esgotamento dos recursos naturais para criar as coisas que compramos, mas também em termos de carbono liberado no transporte", explica.

Cada vez mais as compras da Black Friday acontecem online, com um dia especialmente dedicado a prolongar o frenesi do consumismo: a Cyber Monday. E já que comprar online envolve entrega, isso implica uma pegada de carbono muito maior do que comprar em lojas físicas.

O setor de transporte global responde atualmente por até 4% das emissões mundiais. […]

"Nossa pesquisa mostra que 400 mil toneladas de CO_2 serão liberadas na atmosfera como resultado do transporte gerado pela Black Friday no Reino Unido somente neste ano", diz Purnell.

Um relatório de 2021 do site de comparação de preços britânico Money.co.uk confirma a projeção. Estima-se que as entregas das vendas da Black Friday liberem mais de 429 mil toneladas métricas de emissões de gases de efeito estufa. Isso equivale a 435 voos de ida e volta de Londres a Nova York. […]

Contra o desperdício, não compre

No entanto, Purnell diz que o volume de CO2 emitido pelo transporte de mercadorias é "absolutamente trivial" em comparação com o que é liberado durante a fabricação dos produtos.

"Produzir um laptop médio libera de 100 a 200 quilos de CO2 na atmosfera, e um tablet médio provavelmente libera 50 quilos", disse ele. "E comprar uma camisa libera muitas vezes mais quilos de CO2 do que o que a camisa pesa."

Sem contar que muito do que se compra na época da Black Friday não está destinado a ter uma vida muito longa. Um estudo de 2019 descobriu que até 80% dos plásticos e têxteis domésticos acabam em aterros sanitários ou são incinerados.

Vivendo além de nossos meios

Mas por que compramos coisas de que realmente não precisamos — especialmente à luz da crescente consciência ambiental?

"As pessoas gostam de fazer compras. Há uma dimensão psicológica nisso. Estamos tentando preencher um vazio, estamos tentando preencher uma necessidade emocional", avalia o fundador e presidente da Global Footprint Network, Mathis Wackernagel, acrescentando que as restrições de recursos que andam de mãos dadas com as mudanças climáticas são "uma verdade inconveniente". [...]

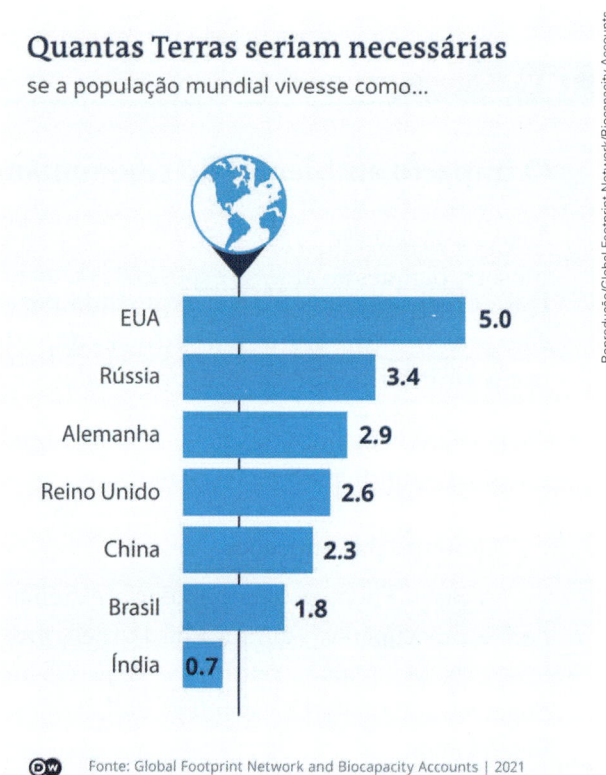

Repensando nossos valores

Para Wackernagel, consumir menos é uma questão de interesse de todos. "Cada euro que gastamos em algo que não nos ajuda a tornar nossas vidas mais valiosas, em um mundo de mudanças climáticas e restrições de recursos, é gasto na construção de nosso próprio fim." [...]

Green Friday e outras alternativas

Um número cada vez maior de empresas está boicotando a Black Friday alegando razões ambientais, ou pelo menos oferecendo alternativas.

A varejista suíça de bolsas e acessórios Freitag, por exemplo, quer mudar a Black Friday "de um dia de compras para um dia de trocas". A empresa decidiu fechar todas as suas lojas online durante esse período e, em vez disso, abrir lojas de troca em todo o mundo, onde as pessoas podem trocar suas bolsas antigas em vez de comprar novas.

A varejista americana Patagonia, especializada em vestuário outdoor, também não está participando das vendas da Black Friday deste ano. Em vez disso, ela decidiu doar 100% de suas vendas durante o fim de semana da Black Friday para causas ambientais. [...]

Wackernagel aplaude as novas tendências. "Precisamos construir um desejo de mudar nosso comportamento em vez de pressionar as pessoas pelo aspecto moral. Trata-se de criar experiências positivas em torno de consumir menos. Isso irá trazer a mudança de que precisamos para nos adaptarmos a um mundo de mudanças climáticas e recursos limitados", conclui.

(Disponível em: https://www.dw.com/pt-br/o-impacto-ambiental-do-consumismo-na-black-friday/a-63878200. Acesso em: 3/7/2023.)

Consumo infantil precoce pode levar ao endividamento

Cabe a pais e responsáveis proteger as crianças da pressão consumista

Maria Inês Dolci

Consumismo — compra por impulso, sem planejamento, que muitas vezes provoca endividamento — tem uma raiz que nem sempre é percebida: o contato prematuro e intenso das crianças com as atrações de consumo.

São comuns os passeios em lojas, praças de alimentação e áreas de brinquedos. Nada contra essa diversão familiar, se também houver uma rotina que inclua bibliotecas infantis, teatrinhos, museus, parques ao ar livre, exposições de arte e espetáculos circenses.

A combinação precoce e excessiva entre diversão com games no smartphone e entretenimento em centros comerciais pode tornar os futuros consumidores, desde pequenos, mais interessados em gastar do que em aprender. E aí começa, gradativamente, um perfil de consumo que pode levar ao superendividamento.

Em seu artigo 5º, a Lei da Primeira Infância (2016), que alterou o ECA (Estatuto da Criança e do Adolescente), vai direto ao ponto: "Constituem áreas prioritárias para as políticas públicas para a primeira infância a saúde, a alimentação e a nutrição, a educação infantil, a convivência familiar e comunitária, a assistência social à família da criança, a cultura, o brincar e o lazer, o espaço e o meio ambiente, bem como a proteção contra toda forma de violência e de pressão consumista, a prevenção de acidentes e a adoção de medidas que evitem a exposição precoce à comunicação mercadológica".

Essa proteção contra toda forma de pressão consumista cabe aos pais ou responsáveis, sem dúvida, e ao Estado, por meio de suas instituições. Os pais devem criar um ambiente que estimule a criatividade, o conhecimento, a curiosidade, o respeito ao meio ambiente e a educação para o consumo.

O Estado, por sua vez, tem de investir em bibliotecas públicas, parques naturais, centros esportivos, museus, escolas de tempo integral (com infraestrutura educacional, de saúde, de esportes e de lazer) e em segurança. Assim, os pequenos desenvolverão o gosto pela leitura, arte, cultura, história, esporte e convivência com a natureza.

Na formação de um(a) futuro(a) cidadão(ã), é fundamental uma pauta variada de interesses. Nesse contexto, não cabe usar celulares e TV como babás. Muito menos recorrer a brinquedos, roupas e acessórios como forma de compensar a falta de tempo para convívio com as crianças.

Sabemos que é muito mais difícil oferecer os instrumentos necessários ao desenvolvimento infantil em meio à pobreza crônica, em um país com tamanha concentração de renda. Aí entra o Estado e o trabalho de ONGs que arregimentam o voluntariado. Boas escolas, com professores bem pagos e valorizados, são essenciais.

Sem isso, continuaremos postergando o exercício da cidadania para um futuro que, infelizmente, nunca chega.

(Disponível em: https://www1.folha.uol.com.br/colunas/mariaines/2023/04/consumo-infantil-precoce-pode-levar-ao-endividamento.shtml. Acesso em: 3/7/2023.)

93% das crianças no Brasil acessam a internet. Quais os desafios?

Da redação

[...]

Redes sociais e publicidade

Hoje, 88% dos usuários de internet de 9 a 17 anos possuem perfil em alguma rede social. Apesar da maioria das redes permitir oficialmente a inscrição apenas daqueles que têm 13 anos ou mais, os mais novos têm presença maior. Das crianças de 9 e 10 anos, 68% estão nas redes. Dentre as de 10 e 11 anos, são 86%. Diferente do Facebook, as redes mais recentes são geralmente usadas por pessoas mais ricas e populações mais novas – o TikTok está mais presente nas classes A e B.

Um dado preocupante é em relação à publicidade: 67% reportam que têm contato com publicidade por meio de sites e de vídeos, enquanto 81% dos usuários da internet de 11 a 17 anos viram divulgação de produtos ou marcas na internet, embora não saibam distingui-la de conteúdos de entretenimento. As meninas são as mais vulneráveis: 64% delas já foram expostas à publicidade, em especial a de produtos de beleza, roupas e calçados.

(Disponível em: https://lunetas.com.br/tic-kids-online-brasil-2021/. Acesso em: 3/7/2023.)

Os textos lidos abordam as dimensões ambiental, emocional e psicológica dos hábitos de consumo, o problema do incentivo de práticas consumistas desde a infância e a atual exposição de crianças e adolescentes à publicidade nas redes sociais e na internet.

Embora uma postura consumista seja por vezes criticada, há comportamentos sociais que a valorizam e estimulam, ainda que indiretamente. Em sua opinião, uma pessoa pode ser capaz, em seu contexto particular, de lutar individualmente contra o consumismo? Como isso pode ser feito? Como a manutenção desse hábito impacta não apenas a vida das pessoas, mas também o meio ambiente? Você acha possível que grandes empresas e governos ajam para diminuir o hábito de consumo excessivo na população? Como? O que nos leva a consumir tanto? Você e os colegas podem contribuir para amenizar esse problema? Como?

Reúna-se com os colegas para pesquisar mais sobre o tema, tomem notas e se preparem para o debate.

Planejando o debate deliberativo

Com base no que leram e em outras informações pesquisadas por vocês, debatam o tema: **Como repensar hábitos de consumo e combater a poluição gerada pelo consumismo?** Antes de darem início ao debate deliberativo, sigam estas orientações:

- Escolham um colega para ser moderador e outro para ser secretário, isto é, fazer a inscrição dos que querem falar.
- Definam as regras do debate: tempo total e tempo máximo de cada debatedor, direito e tempo de réplica e de tréplica, etc.
- Lembrem-se dos princípios básicos para um debate democrático: utilizar linguagem não agressiva, não levar a discussão para o lado pessoal, respeitar a opinião do outro, por mais diferente que ela seja da sua.

Filmem o debate para que, posteriormente, consigam examinar os pontos positivos e as possíveis falhas. O vídeo do debate pode ser editado e apresentado na feira **Caminhos para o consumo sustentável**, que a turma vai organizar na **Oficina de Criação** desta unidade.

Realizando o debate e deliberando ações

Releiam o boxe "As deliberações de um debate" na página 164 e discutam que ações podem ser realizadas pela turma. Façam propostas e submetam-nas à apreciação e à votação de todos. Procurem propor e eleger medidas que sejam de execução possível. Além de examinarem as propostas apresentadas pelos alunos no debate deliberativo a que vocês assistiram, pensem em outras que estejam de acordo com o perfil da escola.

Concluído o tempo estipulado para o debate, o moderador pede ao secretário que leia para todos as propostas apresentadas e, em seguida, avalia com os colegas se há necessidade de juntar ou eliminar algumas das propostas. Por fim, põe em votação as ações ou medidas que serão executadas por todos.

Pondo em prática as deliberações

Provavelmente, algumas das medidas aprovadas poderão ser executadas imediatamente; outras, entretanto, exigirão mais tempo e trabalho coletivo. Sugerimos que estas sejam executadas na **Oficina de Criação** desta unidade.

Avaliando o debate deliberativo

Após a realização do debate, avaliemo-no com o professor, a fim de destacarem os aspectos positivos e negativos. Pensem no que pode ser feito para alcançar um resultado melhor em futuros debates. Se o debate foi filmado, assistam a alguns trechos para tirar dúvidas.

Para avaliar o debate, verifiquem os seguintes aspectos:

- As regras estabelecidas foram justas e seguidas pelos debatedores?
- A regulação das trocas (a tomada da palavra) transcorreu bem? Ou houve alguém que monopolizou a palavra? Se houve, por que isso aconteceu?

- As propostas foram bem apresentadas? Os argumentos foram aprofundados? Houve argumentos repetidos?
- Os debatedores falaram de modo claro, com altura de voz e postura adequadas, olhando para o público?
- Houve agressividade verbal entre os participantes?
- A linguagem dos debatedores foi adequada à situação? Ou houve emprego exagerado de gírias ou expressões repetidas, a ponto de prejudicar a qualidade da exposição?
- As propostas foram bem debatidas? As ações deliberadas foram decididas democraticamente?

Depois de avaliarem o debate, troquem ideias sobre o que é, para que serve e como se faz um debate deliberativo.

Em seguida, concluam: Quais são as características básicas do debate deliberativo? Respondam preenchendo o quadro a seguir.

Debate deliberativo: construção e recursos expressivos	
Quem são os interlocutores do debate deliberativo?	
Qual é o objetivo do debate deliberativo?	
Onde o debate deliberativo é realizado?	
Quais são os temas abordados no debate deliberativo?	
Como é a estrutura do debate deliberativo?	
Como se caracteriza a linguagem do debate deliberativo?	

DE OLHO NA AGENDA 2030 DA ONU

Consumo e produção responsáveis

A Agenda 2030 da Organização das Nações Unidas (ONU), criada em 2015, é um plano de ação elaborado por líderes de diversos países para promover uma vida digna e erradicar desigualdades sociais. Ela estabelece, em âmbito global, 17 Objetivos de Desenvolvimento Sustentável (ODS), a fim de que a sociedade trilhe um caminho sustentável, buscando a concretização dos direitos humanos, a erradicação da pobreza e a promoção de uma vida digna para todos, com educação, igualdade e consciência ambiental. Como você já sabe, um desses 17 objetivos é **Consumo e produção responsáveis**.

No debate que você e os colegas realizaram, foram discutidos hábitos de consumo, impactos do consumismo e possibilidades de mudanças para se alcançar uma postura menos consumista. Com o objetivo de conscientizar a população nesse mesmo sentido, o instituto WWF Brasil trabalha a educação ambiental para o consumo sustentável a partir de 7 Rs.

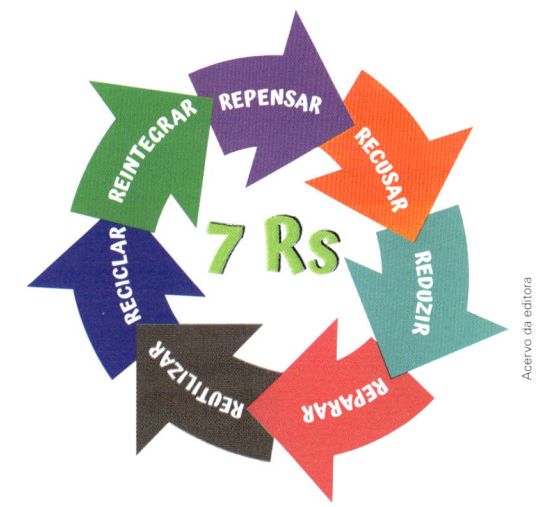

Os 7 Rs para um consumo sustentável.

Correlacione cada um dos 7 Rs ao comportamento que o descreve:

(1) Repensar
(2) Recusar
(3) Reduzir
(4) Reparar
(5) Reutilizar
(6) Reciclar
(7) Reintegrar

☐ Separar materiais que não podem ser consertados nem reaproveitados e destiná-los a cooperativas que trabalham com processamento e transformação.

☐ Antes de descartar um produto avariado, verificar se é possível consertá-lo.

☐ Analisar a real necessidade de consumir um produto ou serviço.

☐ Quando precisar consumir, fazê-lo de forma calculada, a fim de minimizar os resíduos e o desperdício.

☐ Fazer retornar à natureza restos de alimentos e outros materiais orgânicos.

☐ Dar novo uso a um produto danificado que não pode ser consertado, aproveitando-o para outro fim.

☐ Não realizar compras compulsivamente, principalmente quando não precisar do produto.

Agora, reúnam-se em grupo e pensem em situações hipotéticas ou já vividas por vocês, em que cada uma das ações descritas pelos 7 Rs se realize. Anotem-nas no caderno e, em seguida, compartilhem-nas com toda a turma. Se julgarem conveniente, com base nas anotações, preparem cartazes para serem expostos na feira **Caminhos para o consumo sustentável**, que será organizada por vocês na **Oficina de Criação**.

Para escrever com COERÊNCIA

A não contradição

Leia esta tirinha de Clara Gomes.

(Disponível em: https://bichinhosdejardim.com/autoajuda/. Acesso em: 3/7/2023.)

1. Observe as expressões faciais dos dois personagens que conversam na tira.

    a) Quais sentimentos elas sugerem em cada quadrinho?

    _____
    _____
    _____

    b) As falas de Maria Joaninha nos dois primeiros quadrinhos têm a função de:

    ☐ censurar Caramelo.   ☐ aconselhar Caramelo.   ☐ ensinar Caramelo.

2. Maria Joaninha Cascudo é conhecida por ser uma joaninha mal-humorada e realista, e Caramelo, por sua vez, é um caracol sonhador e otimista. Levando em consideração o perfil desses dois personagens, explique o sentido da expressão "trejeito de 'livro de autoajuda ambulante'", empregada por Maria Joaninha no segundo quadrinho.

    _____
    _____
    _____

3. No último quadrinho, Caramelo se dirige a Maria Joaninha.

    a) A postura do caracol sugere que ele aceita ou não aceita a opinião dela? Justifique sua resposta.

    _____

b) A resposta dele é contraditória ou é coerente em relação ao que ele acabou de ouvir de Maria Joaninha? Por quê?

_____

_____

c) Qual efeito de sentido é construído por essa resposta na tirinha?

_____

_____

No diálogo entre os personagens da tira lida, a **contradição** foi propositalmente explorada como recurso para criar humor. Contudo, nem sempre ela é desejável.

Quando não é utilizada intencionalmente, a contradição pode ser um problema, pois os textos, para terem textualidade, precisam apresentar coerência e coesão. A **não contradição** é um dos requisitos fundamentais para que um texto seja coerente.

As contradições de um texto podem se dar de duas formas: internamente e externamente ao próprio texto. Como exemplo de **contradição interna**, observe as partes destacadas deste parágrafo:

"Por último, **a discriminação social leva à separação de classes**, tornando prejudicados os humildes, **sem chance de integração social, que assumem papéis secundários e muitas vezes desprezíveis**."

(Texto de aluno. *Apud* Maria da Graça Costa Val. *Redação e textualidade*. São Paulo: Martins Fontes, 1994. p. 69.)

Repare que, ao falar da discriminação social, o autor faz uma inversão entre a causa e a consequência, pois a discriminação social não é a causa da separação de classes, e sim o contrário.

Além disso, afirmar que as pessoas humildes não têm chance de integração social e que assumem papéis secundários e desprezíveis constitui outra contradição, pois, se elas assumem papéis sociais, mesmo que em ocupações simples, é porque estão integradas na sociedade.

Observe, agora, um exemplo de **contradição externa**:

"O êxodo rural vem aumentando cada vez mais e formando um crescimento desordenado das áreas urbanas. Estas pessoas não encontrando meios de sobrevivência adequado, passam a viver em favelas.

Nelas, não existindo condições humanas como: higiene, escolas, hospitais, alimentação adequada, assistência social, habitação, irá gerar uma série de danos para esta população, como por exemplo o menor abandonado, que **automaticamente será um marginal para a sociedade**."

(Texto de aluno. *Apud* Maria da Graça Costa Val. *Redação e textualidade*. São Paulo: Martins Fontes, 1994. p. 71.)

Nesse caso, as ideias do texto, embora não sejam contraditórias entre si, revelam contradições em relação ao que se conhece da realidade, pois nem todo menor abandonado será, automaticamente, um marginal. Trata-se de uma generalização simplista, preconceituosa e equivocada.

Assim, como podemos verificar, as contradições que esses dois textos apresentam constituem problemas de **coerência textual**.

EXERCÍCIOS

Leia o texto a seguir para responder às questões 1 a 4.

(Disponível em: https://www.mpba.mp.br/sites/default/files/cartaz_trasnparencia_5.jpg. Acesso em: 3/7/2023.)

1. O texto lido faz parte de uma campanha.

   a) Qual é o tema dessa campanha e quem é responsável por ela?

b) Levante hipóteses: A quem ele se dirige? Justifique sua resposta com elementos do texto.

c) O texto verbal central, com letras grandes, descreve determinadas ações. Explique a relação dessas ações com o tema da campanha.

2. Releia o texto verbal inferior escrito em letras maiúsculas:

> **VOCÊ AINDA ACHA QUE A CORRUPÇÃO ESTÁ SÓ NA POLÍTICA?**
> REVEJA SEUS CONCEITOS E PRINCIPALMENTE SUAS ATITUDES.

Reprodução/Ministério Público do Estado da Bahia

a) Considerando o contexto, explique a função do questionamento direcionado ao leitor.

b) Deduza: O que o enunciador pressupõe sobre o leitor ao fazer a afirmação que compõe a segunda frase?

3. Agora releia esse trecho do texto, presente na parte inferior do cartaz:

"Tão importante quanto prestar atenção no comportamento dos políticos é analisar nossas próprias condutas. Pequenos gestos praticados por pessoas como nós, nossos amigos e familiares revelam comportamentos irregulares. Construir um país honesto e justo é responsabilidade de todos e começa na mudança de atitude de cada um. Dê o exemplo."

a) Identifique expressões desse trecho que se referem diretamente às ações descritas em letras grandes no texto central.

b) As ações descritas no texto central ilustram qual ideia exposta nesse trecho?

_____
_____
_____

4. O texto em estudo explora uma contradição no comportamento de determinadas pessoas para causar *impacto*. De que forma essa contradição pode ser eliminada, segundo o texto?

_____
_____
_____

Leia o texto a seguir, que estabelece uma comparação entre a capacidade de um computador e a do cérebro humano. Atente ao final do texto: houve uma alteração proposital.

[...] Vamos fazer uma tentativa de comparação direta entre humanos e computadores desempenhando a mesma tarefa.

É fácil — mas cada dia mais difícil — inventar uma tarefa que um ser humano sozinho possa fazer mais rápido que todos os computadores do mundo. As pessoas, por exemplo, se dão muito melhor em olhar a foto de uma cena e desvendar o que acaba de acontecer.

Randall Munroe/Cia. das Lestras

Para testar essa teoria, enviei esse desenho para a minha mãe e perguntei o que *ela* achava que havia acontecido. Ela respondeu de cara: "A criança derrubou o vaso e o gato está conferindo o estrago".

Ela foi esperta em recusar hipóteses alternativas, tais como:

- O gato derrubou o vaso.
- O gato pulou do vaso e se jogou na criança.
- A criança estava sendo perseguida pelo gato e tentou escapar escalando o aparador com uma corda.
- Essa casa tem um gato selvagem, e alguém jogou um vaso nele.
- O gato estava mumificado no vaso, mas despertou quando a criança tocou no vaso com a corda mágica.
- A corda que segurava o vaso se partiu, e o gato está tentando consertar o objeto quebrado.
- O vaso explodiu, o que chamou a atenção da criança e do gato. A criança pôs o chapéu para se proteger de novas explosões.
- A criança e o gato estavam correndo pela casa tentando pegar uma cobra. Ela finalmente conseguiu capturá-la e a amarrou com um nó.

Nenhum computador do mundo descobriria a resposta certa mais rápido que um pai ou uma mãe. Mas isso se dá porque os computadores foram programados para descobrir esse tipo de coisa, mas os cérebros não foram treinados durante milhões de anos de evolução para serem bons em desvendar o que os outros cérebros à sua volta fazem e por quê.

Por isso, poderíamos escolher uma tarefa que desse vantagem aos humanos. Mas aí não teria graça: os computadores são limitados pela capacidade que temos de programá-los, ou seja, já sairíamos com a vantagem.

(Adaptado de Randall Munroe. *E se?* Tradução de Érico Assis. São Paulo: Companhia das Letras, 2014. p. 116-117.)

5. Os dois últimos parágrafos do texto estão em contradição com os parágrafos anteriores por causa de uma alteração propositalmente feita no texto original. Isso ocorre porque a palavra **não** foi deslocada de um lugar para outro. Releia o texto procurando descobrir, pela coerência das ideias, os trechos em que ocorreram as alterações.

6. No segundo parágrafo do texto, o autor afirma: "É fácil — mas cada dia mais difícil — inventar uma tarefa que um ser humano sozinho possa fazer mais rápido que todos os computadores do mundo".

Considerando o contexto, existe contradição na afirmação de que "é fácil — mas cada dia mais difícil"? Justifique sua resposta.

CAPÍTULO 2
As dicas e a cartilha

O GÊNERO EM FOCO

Há gêneros que são produzidos com o objetivo de influenciar diretamente seus interlocutores e divulgar atitudes que possam solucionar ou minimizar problemas enfrentados pela sociedade, como o contágio de doenças, os acidentes de trânsito ou domésticos, a falta de respeito por direitos. As dicas e a cartilha educativa são gêneros que têm essas funções.

As dicas

Leia o texto a seguir.

---

10 dicas para aplicar o consumo consciente no seu dia a dia

Leonardo Borges

Consumir de maneira consciente é pensar nas consequências dos nossos atos de compras e o quanto eles impactam na qualidade de vida no planeta. Afinal, qual é o legado que deixaremos para as futuras gerações?

Mudanças de hábito simples no seu dia a dia fazem uma grande diferença e ajudam a diminuir o impacto que causamos.

Listamos 10 dicas para você adaptar seu cotidiano a uma filosofia de vida mais sustentável. Confira!

1. Antes de comprar, faça a si mesmo as 6 perguntas do consumo consciente

Por que comprar? O que comprar? Como comprar? De quem comprar? Como usar? Como descartar? [...]

2. Desperdício de comida

Antes de comprar os alimentos no supermercado confira a data de validade, no intuito de saber se realmente há tempo para você consumi-los. Seja criativo e procure aproveitar as sobras de comida em receitas novas. O **Favela Orgânica** faz um trabalho lindo, por exemplo!

3. Separe corretamente o lixo para reciclagem

A forma mais simples de separar é isolar o lixo seco (embalagens, papéis, revistas, etc.) do molhado (restos orgânicos como cascas de frutas, talos de verduras, restos de comida, etc.), que podem ser transformados em adubo.

4. Supermercado

Procure fazer uma lista com os produtos necessários, assim você não compra nada além do que realmente precisa. Isso vale principalmente para os legumes e as frutas, que estragam mais facilmente. Outra dica legal é dar preferência para produtos locais, pois, se eles foram fabricados em sua região, seu transporte até o mercado emitiu menos gases nocivos à atmosfera por conta da distância menor percorrida.

5. Dê preferência ao refil

As embalagens de refis geralmente utilizam menos matéria-prima para sua fabricação. Dessa forma, diminuímos o impacto nos recursos naturais para produção de novas embalagens.

6. Evite produtos com muitas embalagens

Quanto mais embalado for um produto, maior será a quantidade de lixo gerado. Evite embalagens descartáveis, dê preferência às recicláveis ou feitas de material reciclado.

7. Empréstimos

Existem coisas que só são necessárias em situações pontuais. Nesses casos, a melhor coisa a se fazer é emprestar esses objetos ao invés de comprá-los. Isso vale para livros, furadeiras, ferramentas, entre outros. Existem aplicativos e feiras de troca para isso [...].

8. Reaproveitamento do óleo vegetal

O óleo de cozinha polui a água, impermeabiliza o solo, entope canos e prejudica muito o funcionamento das estações de tratamento de água quando é descartado de maneira incorreta. Deste modo, procure pontos de coleta de óleo em sua cidade, pois este mesmo produto é útil para a confecção de tintas, sabão, detergentes e biodiesel.

9. Produtos de limpeza

Diminua o uso de produtos de higiene e limpeza e priorize produtos feitos com ingredientes naturais que não degradem o meio ambiente. Dessa forma, você reduz o nível de poluentes presente nos rios.

10. Divulgue o consumo consciente

Seja um militante da causa: sensibilize outros consumidores e dissemine informações, valores e práticas do consumo consciente. Monte grupos para mobilizar seus familiares, amigos e pessoas mais próximas.

(Disponível em: https://autossustentavel.com/2018/10/dicas-consumo-consciente.html. Acesso em: 14/6/2023.)

O texto é composto de **dicas** sobre o consumo consciente. As dicas podem compor outros textos, como reportagens, folhetos informativos, cartazes e cartilhas educativas.

1. Como a maior parte do texto está estruturada: em tópicos ou em parágrafos?

2. Além das dicas, o texto apresenta alguns parágrafos de introdução. Qual é a função deles?

3. Analise os verbos empregados nas dicas:

    a) Em que modo está a maioria dos verbos empregados?

    b) Por que esse modo verbal é utilizado?

4. A linguagem empregada no texto é direta e objetiva ou detalhada e subjetiva?

5. Cada dica é composta de um título seguido de texto breve.

    a) Os títulos do texto lido não seguem uma estrutura padrão (por exemplo, verbo no imperativo seguido de complementos). Escolha uma das estruturas empregadas em um dos títulos e padronize os outros.

    b) Troque ideias com os colegas e responda: Os títulos reescritos com a mesma estrutura tornam o texto melhor ou não mudam nada?

    c) Qual é a função dos textos que acompanham os títulos?

6. O texto lido está disponível em um *site* chamado *Autossustentável: sustentabilidade ao alcance de todos*.

a) O autor do texto é identificado como cofundador do *site*, estatístico e mestre em População, Território e Estatísticas Públicas. Levando em consideração essas informações, o que podemos afirmar sobre o perfil do autor em relação ao assunto do texto?

b) Levante hipóteses: A quem o texto se destina?

A cartilha

As **cartilhas** são geralmente produzidas por órgãos governamentais, instituições, organizações e grupos da sociedade civil, para orientar a população a respeito de diferentes problemas e divulgar, em linguagem acessível e a um público leigo, conhecimentos científicos, condutas recomendadas ou documentos técnicos.

Acesse, por meio do *QR code*, a versão integral de uma cartilha sobre alimentação adequada e saudável e responda às questões a seguir.

1. Observe a capa da cartilha.

   a) Qual é o título dela?

   _____
   _____

   b) Qual é o objetivo do responsável por sua divulgação?

   _____
   _____
   _____

   c) Quais são os órgãos responsáveis por sua produção?

   _____
   _____

   d) A quem ela se destina?

   _____

2. As cartilhas buscam sensibilizar o público sobre um problema, divulgando um conhecimento especializado, para que as recomendações dadas sejam adotadas.

   Releia a página 3 da cartilha e responda:

   a) Que recurso textual é utilizado a fim de chamar a atenção do público para o problema do desperdício de alimentos?

   _____
   _____
   _____
   _____
   _____

   O desperdício no Brasil
   VOCÊ SABIA QUE O BRASIL DESPERDIÇA MAIS DE 41 MIL TONELADAS DE ALIMENTOS POR ANO*?

   O desperdício de alimentos ocorre em diversos momentos, desde a produção até dentro das nossas casas. Existem diversas atitudes que podemos tomar para reverter esse quadro e melhorar nossa qualidade de vida.

   ALIMENTAÇÃO SAUDÁVEL PODE SER ECONÔMICA SE EVITARMOS O *DESPERDÍCIO*.

   *Fonte: World Resources Institute/2016

   Reprodução/Conselho Federal e Regional de Nutricionistas

   b) Qual é o argumento utilizado para convencer o leitor a aderir às atitudes recomendadas?

   _____
   _____
   _____

3. A cartilha aborda as causas do desperdício dos alimentos desde a produção, passando pelo transporte e pela comercialização, até o consumo doméstico. Observe as páginas 8 e 9 da cartilha:

a) Qual é a relação entre essas duas páginas?

_____

_____

b) Em quais outras páginas da cartilha é abordado:
   - o desperdício no campo?

   _____

   - o desperdício no transporte?

   _____

   - o desperdício em casa?

   _____

4. O estágio do desperdício doméstico é acompanhado de três seções diferentes intituladas "O que você pode fazer?". Releia as páginas 10 a 13 e responda:

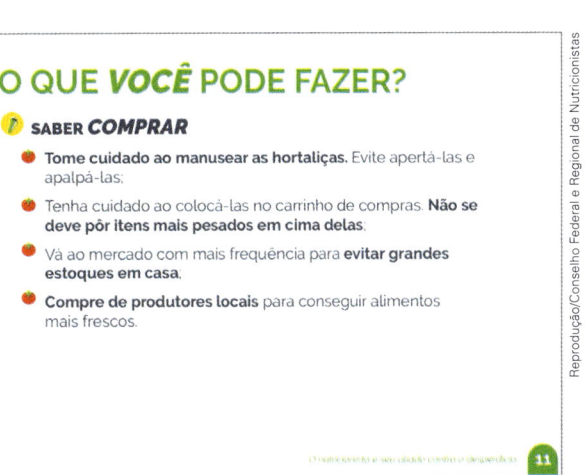

Unidade 4 183

O QUE *VOCÊ* PODE FAZER?

SABER CONSERVAR

- **Armazene corretamente os alimentos.** Existem hortaliças que devem ser mantidas em ambientes secos e arejados. Outras, guardadas na geladeira;
- **Congelar alimentos** também é uma opção caso vá demorar para consumi-los. Não perdem seu valor nutritivo e prolongam a validade;
- Antes de armazenar, **limpe o alimento e remova as partes escuras**, podres e danificadas para evitar que elas contaminem as sadias ou outros alimentos próximos;
- **Algumas hortaliças devem ser lavadas antes de refrigeradas**, como alface, couve e agrião. **Outras, apenas quando forem consumidas.** É o caso do quiabo e da abobrinha.

O QUE *VOCÊ* PODE FAZER?

SABER APROVEITAR

- **Aproveite integralmente os alimentos.** Há deliciosas receitas com talos, folhas de verduras e cascas de frutas e legumes orgânicos;
- **Utilize as sobras** de refeições anteriores. Faça uma farofa ou uma canja de galinha com a carne que sobrou, dentre outros pratos.

a) Por que as instruções foram divididas em três seções?

b) Você conhecia essas medidas? Acredita que pode colocá-las em prática em sua casa, com sua família?

c) Podemos considerar as instruções dadas como dicas? Justifique sua resposta.

5. Observe os verbos empregados nas seções "O que você pode fazer?".

a) Em que modo verbal esses verbos estão empregados? Por que esse modo é utilizado?

b) Os verbos empregados nas outras seções estão no mesmo modo verbal? Justifique sua resposta, tendo em vista a função de cada seção.

6. O negrito é usado para destacar algumas palavras ao longo do texto da cartilha. Por que a palavra **você** recebe destaque em toda a cartilha?

7. A parte não verbal da cartilha é constituída de imagens que podem ser consideradas ilustrações e infográficos. Observe ao lado a imagem que compõe a página 14.

a) Essa imagem corresponde a uma ilustração ou a um infográfico? Justifique sua resposta

_____

_____

_____

b) Qual é a função dessa página na cartilha?

_____

c) Faça uma breve pesquisa sobre qual é a renda média por pessoa atualmente no Brasil e refaça os cálculos a fim de saber qual é o valor atualizado gasto mensalmente com o desperdício.

_____

_____

d) Compare esses dados com o argumento que você identificou na questão 2 e explique qual é a relação existente entre essas duas páginas.

_____

_____

8. Com a orientação do professor, reúna-se em grupo com os colegas para preencher o quadro a seguir com as características básicas da cartilha.

Cartilha: construção e recursos expressivos	
Quem são os interlocutores da cartilha?	
Qual é o objetivo da cartilha?	
Qual é o suporte ou o veículo da cartilha?	
Quais são os temas abordados na cartilha?	
Como é a estrutura da cartilha?	
Como se caracteriza a linguagem da cartilha?	

Unidade 4

AGORA É A SUA VEZ

Ao final desta unidade, você e os colegas vão organizar uma feira contra o consumismo. Para orientar os visitantes da feira, vocês vão elaborar uma cartilha educativa sobre o tema. Reúnam-se em grupos e produzam uma cartilha sobre algum dos temas sugeridos a seguir ou outro relevante para a escola.

- Compostagem de resíduos orgânicos
- Roupas: consumo e descarte
- Plástico: consumo e descarte
- O problema do lixo doméstico
- Descarte correto do lixo eletrônico

O formato desse gênero e os recursos presentes nele são variados: há cartilhas em formato de história em quadrinhos, cartilhas com dicas e sugestões em tópicos, cartilhas com infográficos. Além disso, são muito comuns boxes explicativos: "Você sabia?" ou "Como fazer?". Considerem essas características no planejamento da cartilha.

Planejamento do texto

- Pesquisem cartilhas educativas em postos de saúde, organizações não governamentais, na própria escola e na internet.
- Analisem as cartilhas encontradas para terem ideias. Registrem: título, autoria, público-alvo, organização, recursos verbais e não verbais (imagens, mapas, infográficos, boxes, etc.).

- Discutam com o grupo quais características e recursos encontrados nos modelos pesquisados vocês vão utilizar, pensando no objetivo da cartilha.

- Definam quais textos vão compor a cartilha: explicações sobre as causas e as consequências do problema, gráficos, trechos de leis e documentos técnicos, resultados de pesquisas.

- Determinem a identidade visual da cartilha, isto é, as cores, o tipo de letra, os tipos de imagem ou de ilustração, etc.

- Estabeleçam a ordem mais adequada para a organização das informações veiculadas.

Escrita

- Distribuam as informações e as orientações nas páginas conforme a ordem estabelecida.

- Utilizem uma linguagem clara, direta e objetiva, adequada ao público da cartilha.

- Evitem escrever textos extensos, dando preferência a uma estrutura com parágrafos curtos, esquemas e tópicos.

- Se julgarem pertinente, criem boxes explicativos no estilo "Você sabia?" ou "Como fazer?" para despertar o interesse do leitor.

- Produzam fotografias e ilustrações ou busquem imagens prontas que possam ilustrar a cartilha.

- Insiram os créditos em todos os recursos visuais utilizados na cartilha.

- Escolham o título e produzam a capa, colocando na parte inferior dela o nome dos integrantes do grupo responsáveis pela cartilha.

Revisão e reescrita

Antes de finalizar o texto, confiram se:

- a cartilha cumpre seu papel de conscientizar um público amplo de determinado problema e orientá-lo;

- a linguagem é clara e objetiva;

- os recursos não verbais complementam as informações e as instruções apresentadas na cartilha;

- os boxes explicativos despertam o interesse e a curiosidade do leitor;

- a organização da cartilha facilita a leitura;

- há a progressão das instruções e das informações;

- a capa e o título são chamativos, atraentes e evidenciam o objetivo da cartilha.

Produzam a versão final impressa e/ou digitalizem a cartilha para o lançamento dela na **Oficina de Criação**.

CAPÍTULO 3

A apresentação oral e o painel científico

O GÊNERO EM FOCO

A apresentação oral

No 6º ano, você estudou e produziu uma apresentação oral. Você viu que, na escola, em empresas, nas universidades, em órgãos públicos, há situações de comunicação em que uma pessoa ou um grupo de pessoas precisam apresentar oralmente um tema que dominam para uma plateia interessada: são palestras, apresentações orais ou seminários — nomes diferentes para atividades bastante semelhantes.

Reúna-se em grupo com os colegas ou com a turma toda e debatam as seguintes questões:

1. Em que situações vocês assistiram a apresentações orais?
2. Quem eram as pessoas responsáveis pela fala? Quais eram os papéis sociais na situação — aluno, pesquisador, professor, escritor, celebridade, profissional de determinada área, representante de órgão público?
3. Vocês acham que as pessoas que realizam apresentações orais estudam o assunto antes de falar, planejam as falas ou falam de maneira espontânea?

As apresentações orais são práticas em que especialistas em um assunto falam para uma plateia sobre um tema específico por tempo determinado. O objetivo dessas falas é divulgar conhecimentos, ideias, experiências, vivências e iniciativas para um grande público ou para um público também especializado — o que demanda adequações por parte do apresentador em razão do perfil do público.

Assista à apresentação oral "O consumo consciente não vai salvar o mundo", realizada por Ana Fernanda Souza (disponível em: https://www.youtube.com/watch?v=lmjwPnkZWh0, acesso em: 4/7/2023.).

O consumo consciente não vai salvar o mundo | Ana Fernanda Souza | TEDxRioVermelho

Como você pôde perceber, mesmo sendo orais, essas apresentações requerem estudo e preparação escrita prévios. Recursos visuais geralmente são usados para enriquecê-las, como projeção de *slides*, exposição de cartazes e painéis ou distribuição de impressos ao público.

O que é TED?

TED é uma organização sem fins lucrativos que defende o lema "ideias que merecem ser compartilhadas". Começou há 26 anos como uma conferência na Califórnia. Em uma conferência TED, pessoas de todo o mundo são convidadas a dar a melhor palestra de suas vidas em 18 minutos ou menos.

O TED conta com um *site* (TED.com), no qual novas palestras são postadas diariamente. As palestras, chamadas de "TED Talks", já foram traduzidas em mais de 90 idiomas.

A iniciativa TEDx concede licenças livres para as pessoas ao redor do mundo que desejam organizar eventos no formato TED em suas comunidades. Mais de 5.000 eventos TEDx foram realizados.

(Fonte: https://www.tedxdantealighierischool.com.br/o-que-e-tedtedx/. Acesso em: 4/4/2019.)

1. Retome o título da palestra.
   a) Antes de assistir à apresentação, o título parece ser contrário ou favorável ao consumismo? Por quê?

   b) Depois de assistir à fala de Ana Fernanda Souza, responda: Qual é o sentido do título da palestra?

   c) Você considera que o título desperta o interesse do público? Justifique sua resposta.

2. Sobre a *performance* da oradora:
   a) Ana Fernanda Souza lê um texto ou fala sobre o tema?

   b) Ela apresenta o tema sem hesitações e repetições ou em alguns momentos hesita, reformula, repete?

   c) A altura da voz da palestrante é alta ou baixa? O ritmo da fala é rápido ou lento? Por que você acha que ela adota essa maneira de falar?

3. Ana Fernanda Souza é jornalista, criadora do coletivo "Justa Moda" e representante, na cidade de Salvador (BA), do Fashion Revolution, um movimento mundial que tem como propósito propagar a desaceleração na indústria da moda. Considerando esse dado, deduza: Qual é a relação dela com o tema que aborda em sua apresentação oral?

4. A palestrante inicia a fala, como ela mesma diz, com uma metáfora.

   a) Quais são os elementos associados à casa e à água na construção dessa metáfora?

   b) De que forma essa metáfora é retomada ao final da palestra?

   c) Que efeito de sentido essa retomada constrói na fala da palestrante?

5. A palestrante utiliza recursos visuais. O que é projetado no decorrer de sua fala?

6. Levante hipóteses: Para quem a apresentação oral foi destinada?

7. Ana Fernanda Souza levantou dados alarmantes sobre o consumo na indústria da moda.

a) Qual é a quantidade de resíduos desperdiçados nessa indústria?

_____

_____

_____

b) Além da fala, como esse dado é apresentado?

_____

_____

_____

_____

c) Segundo a palestrante, o excesso de lixo é apenas um dos problemas do nosso atual estilo de vida baseado em consumo. Quais são as outras consequências negativas indicadas por ela?

_____

_____

_____

_____

> ### Oratória: a arte de falar em público
>
> Você sabia que, desde a Grécia antiga, existem especialistas que estudam e teorizam a arte de falar em público?
>
> Falar em público não é um dom. É uma habilidade que pode ser exercitada e aprimorada ao longo de toda a vida. Além de domínio do tema, falar em público requer o conhecimento de algumas técnicas. Entre elas, estas:
>
> - Procure falar com naturalidade, como se estivesse à vontade, mesmo que esteja nervoso(a).
> - Nunca diga que está nervoso(a) ou inseguro(a). O público vai começar a prestar atenção no seu nervosismo.
> - Mostre-se uma pessoa simpática e acessível ao público.
> - Procure alterar e variar sua entonação e altura de voz para não cansar o público.
> - Não gesticule nem se movimente demais para que o espectador não desvie a atenção.
> - Não olhe para uma única pessoa durante a apresentação; olhe para o fundo da sala e faça sua voz chegar até o fundo do recinto.
> - Se for responder a uma pergunta de quem está na frente, repita a pergunta em voz alta, para que todos possam ouvi-la, e, ao dar a resposta, procure envolver todos os espectadores, e não apenas a pessoa que perguntou.
> - Evite determinadas expressões de apoio da fala, como **né?**, **tá**, **huummm**, etc. Elas prejudicam a fluência da exposição e desviam a atenção.
> - Evite gírias, expressões pouco conhecidas e palavras de baixo calão. Procure empregar uma variedade linguística próxima da norma-padrão, sem formalidade excessiva.

d) Quais são as alternativas sugeridas por Ana Fernanda Souza para substituir a expressão "consumo consciente"?

_____

_____

_____

8. As informações e as explicações da palestrante foram suficientes para você entender o assunto?

_____

_____

_____

9. Observe a postura da palestrante. Ela se apresenta de maneira cuidada ou relaxada? Como você percebeu isso?

_____

_____

10. Você estudou no 6º ano as etapas mais comuns de uma apresentação oral. Vamos retomá-las:

ETAPAS DA APRESENTAÇÃO ORAL

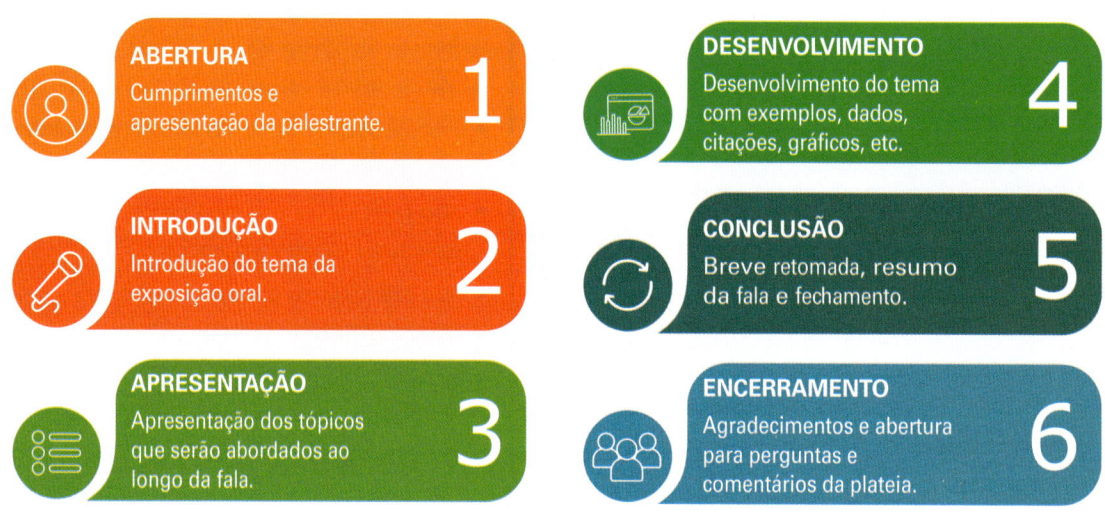

a) Quais etapas estão presentes na fala da palestrante Ana Fernanda Souza?

_____

b) Os tópicos a serem abordados ao longo da palestra não foram apresentados. Você acha que, se a palestrante os tivesse apresentado, você acompanharia melhor a apresentação oral?

_____

_____

c) Levante hipóteses: Por que a palestrante não se apresentou?

_____

_____

_____

d) O que mais você adicionaria à fala da palestrante?

_____

_____

11. A palestrante tenta convencer o público da importância de ser um consumidor mais responsável e levar em consideração a sustentabilidade.

   a) Quais são os argumentos utilizados por ela?

   _____
   _____
   _____
   _____

   b) Que posicionamento da população, na visão da palestrante, seria capaz de mudar o mundo?

   _____
   _____
   _____

   c) Você acha que ela conseguiu convencer o público? Por quê?

   _____
   _____
   _____
   _____

12. Com a orientação do professor, reúna-se com os colegas para preencher o quadro a seguir com as características básicas da apresentação oral.

Apresentação oral: construção e recursos expressivos	
Quem são os interlocutores da apresentação oral?	
Qual é o objetivo da apresentação oral?	
Onde a apresentação oral é realizada e onde costuma ser veiculada?	
Quais são os temas abordados na apresentação oral?	
Como é a estrutura da apresentação oral?	
Como se caracteriza a linguagem da apresentação oral?	

AGORA É A SUA VEZ

Reúnam-se em grupos e, com a orientação do professor, escolham um dos temas a seguir e preparem uma apresentação oral.

- Como aderir individualmente à moda sustentável.
- Iniciativas inovadoras para diminuir o lixo doméstico.
- Ideias criativas para a reciclagem ou a reutilização de materiais.
- Para onde vai nosso lixo: o problema dos lixões no Brasil.
- Como o mundo está lidando com a produção e o descarte de lixo.
- Quais são as ações de empresas e governos para a redução da produção de lixo.

Vocês podem selecionar temas já tratados nos capítulos anteriores e aprofundá-los para preparar a apresentação oral.

As apresentações também serão realizadas durante a feira **Caminhos para o consumo sustentável**, a ser organizada na **Oficina de Criação**. Na escolha dos temas, é importante não haver repetição, pois, assim, a plateia terá acesso a conhecimentos variados sobre consumo, desperdício e formas atuais de reaproveitamento de materiais.

Planejamento da apresentação oral

- Definam o recorte do tema, isto é, qual(quais) aspecto(s) vocês vão abordar na exposição oral.
- Iniciem a preparação da apresentação oral considerando todas as etapas que envolvem a produção desse gênero textual: pesquisa, tomada de notas, seleção e organização de informações, produção de roteiro ou esquema para orientar a fala.
- Para a pesquisa, busquem agregar ao que já sabem alguns dados científicos disponíveis em revistas de divulgação científica, *sites* confiáveis, caderno de ciências de jornais, enciclopédias e livros. Vocês também podem conversar com os professores de Ciências e Geografia sobre o tema. Tomem notas das informações mais importantes e sempre registrem a fonte.
- Decidam em conjunto o tempo que cada grupo terá para realizar a apresentação, reservando alguns minutos para as perguntas e os comentários do público.
- Produzam um roteiro para a apresentação. Geralmente, os roteiros são organizados em tópicos ou palavras-chave para ajudar o palestrante a se lembrar do que vai falar e em que ordem.
- Combinem uma finalização impactante, por exemplo, retomando algum ponto do início da palestra, lançando questões para o público, chamando a atenção dos espectadores para o tema abordado.
- Definam quais serão os recursos complementares à fala utilizados, como *slides*, vídeos, áudios, cartazes ou esquemas a serem entregues ao público.
- Verifiquem se há disponibilidade de microfones.

Ensaio da apresentação oral

- Cumprimentem o público no início da fala e, ao longo da exposição, interajam, direcionando o olhar para pessoas variadas, em todos os pontos da plateia.

- Falem de forma pausada e clara, com uma entonação de voz que chegue a todo o público, sem a necessidade de gritar.

- Ao desenvolver sua parte, interaja com os recursos audiovisuais disponíveis, deixando nítida a relação deles com a sua fala.

- Façam a transição da fala entre os participantes de forma natural, por meio do uso de expressões como "Vocês vão ver agora...", "passarei a palavra a...", entre outras, a fim de indicar que uma parte tem ligação com outra.

- Finalizem a apresentação da forma combinada, despedindo-se do público e colocando-se à disposição para responder às perguntas e esclarecer eventuais dúvidas.

- Controlem o tempo de cada exposição e adaptem o que for necessário para que todas tenham mais ou menos a mesma duração.

- Façam um ensaio geral no mesmo local e com a mesma estrutura do dia da feira e gravem essa versão da apresentação.

Revisão da apresentação oral

Antes de realizar as apresentações na feira **Caminhos para o consumo sustentável**, é importante rever e alterar as apresentações orais, adotando as ações detalhadas a seguir:

- assistam à filmagem do ensaio geral que fizeram, observando se a sequência e o andamento da apresentação oral se compõem de: cumprimento ao público; apresentação e desenvolvimento do tema; conclusão; encerramento;

- observem se a postura dos oradores, a linguagem e a entonação da voz estão adequadas;

- verifiquem se o conteúdo da fala está relacionado de maneira evidente aos recursos visuais e/ou sonoros;

- avaliem se a sequência e o andamento da apresentação fluem com naturalidade e se, na mudança de apresentador, ocorre o uso das expressões adequadas, por exemplo: "Estas são as causas do problema. Vejam agora, com (nome do aluno), as consequências" ou outros tipos de conexão das falas;

- façam avaliações conjuntas das apresentações gravadas de todos os grupos para serem revistas e reapresentadas no dia da feira.

O painel científico

Em eventos científicos, congressos e feiras, é muito comum a realização de uma sessão de painéis, também chamados pôsteres. Nela, os expositores registram suas pesquisas com os principais resultados, geralmente em tópicos, e com o uso de recursos visuais, como gráficos, tabelas, infográficos, mapas e imagens diversas. Observe os textos a seguir.

Painel 1

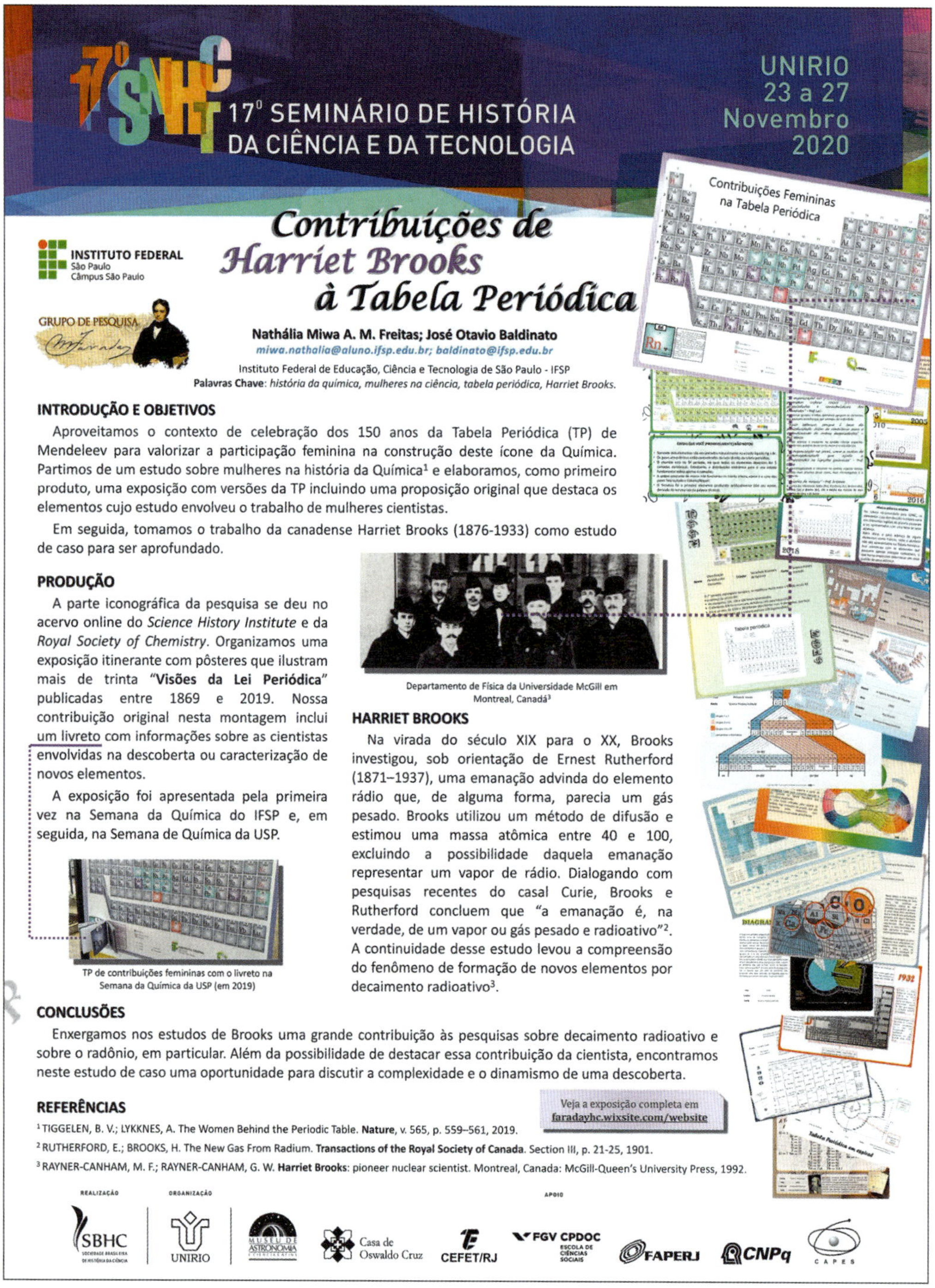

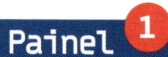

17º SNHCT
17º SEMINÁRIO DE HISTÓRIA DA CIÊNCIA E DA TECNOLOGIA
UNIRIO 23 a 27 Novembro 2020

INSTITUTO FEDERAL São Paulo Câmpus São Paulo

GRUPO DE PESQUISA

Contribuições de Harriet Brooks à Tabela Periódica

Nathália Miwa A. M. Freitas; José Otavio Baldinato
miwa.nathalia@aluno.ifsp.edu.br; baldinato@ifsp.edu.br
Instituto Federal de Educação, Ciência e Tecnologia de São Paulo - IFSP
Palavras Chave: *história da química, mulheres na ciência, tabela periódica, Harriet Brooks.*

INTRODUÇÃO E OBJETIVOS

Aproveitamos o contexto de celebração dos 150 anos da Tabela Periódica (TP) de Mendeleev para valorizar a participação feminina na construção deste ícone da Química. Partimos de um estudo sobre mulheres na história da Química[1] e elaboramos, como primeiro produto, uma exposição com versões da TP incluindo uma proposição original que destaca os elementos cujo estudo envolveu o trabalho de mulheres cientistas.

Em seguida, tomamos o trabalho da canadense Harriet Brooks (1876-1933) como estudo de caso para ser aprofundado.

PRODUÇÃO

A parte iconográfica da pesquisa se deu no acervo online do *Science History Institute* e da *Royal Society of Chemistry*. Organizamos uma exposição itinerante com pôsteres que ilustram mais de trinta **"Visões da Lei Periódica"** publicadas entre 1869 e 2019. Nossa contribuição original nesta montagem inclui um livreto com informações sobre as cientistas envolvidas na descoberta ou caracterização de novos elementos.

A exposição foi apresentada pela primeira vez na Semana da Química do IFSP e, em seguida, na Semana de Química da USP.

TP de contribuições femininas com o livreto na Semana da Química da USP (em 2019)

Departamento de Física da Universidade McGill em Montreal, Canadá[3]

HARRIET BROOKS

Na virada do século XIX para o XX, Brooks investigou, sob orientação de Ernest Rutherford (1871–1937), uma emanação advinda do elemento rádio que, de alguma forma, parecia um gás pesado. Brooks utilizou um método de difusão e estimou uma massa atômica entre 40 e 100, excluindo a possibilidade daquela emanação representar um vapor de rádio. Dialogando com pesquisas recentes do casal Curie, Brooks e Rutherford concluem que "a emanação é, na verdade, de um vapor ou gás pesado e radioativo"[2]. A continuidade desse estudo levou a compreensão do fenômeno de formação de novos elementos por decaimento radioativo[3].

Contribuições Femininas na Tabela Periódica

CONCLUSÕES

Enxergamos nos estudos de Brooks uma grande contribuição às pesquisas sobre decaimento radioativo e sobre o radônio, em particular. Além da possibilidade de destacar essa contribuição da cientista, encontramos neste estudo de caso uma oportunidade para discutir a complexidade e o dinamismo de uma descoberta.

REFERÊNCIAS

[1] TIGGELEN, B. V.; LYKKNES, A. The Women Behind the Periodic Table. **Nature**, v. 565, p. 559–561, 2019.

[2] RUTHERFORD, E.; BROOKS, H. The New Gas From Radium. **Transactions of the Royal Society of Canada**. Section III, p. 21-25, 1901.

[3] RAYNER-CANHAM, M. F.; RAYNER-CANHAM, G. W. **Harriet Brooks**: pioneer nuclear scientist. Montreal, Canada: McGill-Queen's University Press, 1992.

Veja a exposição completa em faradayhc.wixsite.com/website

REALIZAÇÃO SBHC Sociedade Brasileira de História da Ciência | ORGANIZAÇÃO UNIRIO | APOIO Museu de Astronomia e Ciências Afins; Casa de Oswaldo Cruz; CEFET/RJ; FGV CPDOC Escola de Ciências Sociais; FAPERJ; CNPq; CAPES

(Disponível em: https://www.ifsp.edu.br/images/pdf/Noticias/2020/Dez2020/17_SNHCT_banner_IC_Nathalia_Miwa.pdf. Acesso em: 4/7/2023.)

Painel 2

10ª Jornada Científica e Tecnológica da FATEC de Botucatu
08 a 12 de Novembro de 2021, Botucatu – São Paulo, Brasil

O INGLÊS COMO REQUISITO FUNDAMENTAL PARA ATUAÇÃO NA ÁREA DE TECNOLOGIA DA INFORMAÇÃO

Luan Cesar Lucio[1], Mariana Rodrigues Santesso[2], Marco Antônio Nagao[3], Maria Fernanda Martins[4]

[1] Graduando em Análise e Desenvolvimento de Sistemas, Faculdade de Tecnologia de Botucatu, E-mail: llucio147@gmail.com
[2] Graduando em Análise e Desenvolvimento de Sistemas, Faculdade de Tecnologia de Botucatu, E-mail: marirsantesso@gmail.com
[3] Docente Especialista da Faculdade de Tecnologia de Botucatu, E-mail: marco.nagao@fatec.sp.gov.br
[4] Docente Mestre da Faculdade de Tecnologia de Botucatu, E-mail: maria.martins3@fatec.sp.gov.br

INTRODUÇÃO

O inglês vem transformando relações de trabalho, permitindo maiores oportunidades e conectando pessoas do mundo inteiro. Na área de tecnologia da informação, o inglês é o idioma-base para a sintaxe das linguagens de programação e para a maioria das referências para estudos e pesquisas, sendo fundamental o domínio desta língua para a atuação e estabelecimento nesta área. Desta maneira, este trabalho tem como objetivo fazer uma reflexão sobre a importância do inglês, bem como, justificar os motivos do inglês ser, atualmente, um requisito fundamental para atuação profissional na área da tecnologia da informação.

MATERIAL E MÉTODOS

Uma vez que, a tecnologia e a tecnologia da informação avançam em proporções colossais a demanda por profissionais qualificados para atuar nestes campos também cresce. No que diz respeito aos profissionais da área de tecnologia da informação, deve-se destacar que aprender a língua inglesa pode ser ainda mais importante do que o esperado, uma vez que, plataformas utilizadas por programadores, bem como, as linguagens de programação são em inglês. Como metodologia foi feito uma busca em bases bibliográficas na internet utilizando as seguintes palavras-chaves: "tecnologia da informação", "inglês", "mercado de TI", "aprendizado" e "língua inglesa".

RESULTADOS E DISCUSSÕES

Somente no ano de 2019 o Brasil investiu US$ 43 bilhões em tecnologia da informação, já, EUA e China lideram esse ranking, com US$ 871 bilhões e US$ 263 bilhões, respectivamente, destinados para a tecnologia (Figura 1).

Figura 1. Gráfico mostrando a distribuição do mercado de TI no mundo.

O mercado demandará 420 mil profissionais de TI entre 2018 e 2024, sendo 92 mil profissionais *in house* e 329 mil no setor de tecnologia da informação e comunicação (TIC) (Figura 2). Para atingir a meta de dobrar o setor de Software e Serviços em 6 anos, 70 mil profissionais serão demandados ao ano até 2024. Estes números despertam para a necessidade de formação de mão de obra qualificada no curto prazo, incluindo profissionais que tem o domínio da língua inglesa.

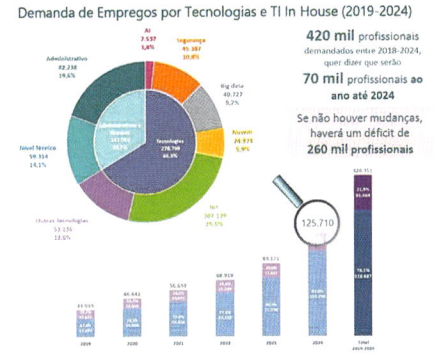

Figura 2. Gráfico com expectativa de crescimento na área de TI no período de 2019 a 2024.

Em cada área de estudo ou profissão, existe um idioma que se faz necessário ter o conhecimento, para que se possa consumir conteúdos referência direto da fonte e assim se especializar. Fica evidente que na área de TI, esse idioma é o inglês. Outro ponto a ser levantado é que o lançamento de novos programas, sites e tecnologias inovadoras precisam ser feitos em inglês. Caso contrário, seu alcance será sempre limitado trazendo obstáculos para a ascensão do profissional de TI. Na Figura 3 podemos observas as competências mais demandadas pelas empresas no cenário atual, estando o inglês em 7ª posição.

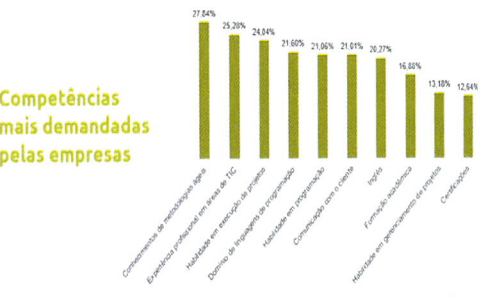

Figura 3. Gráfico mostrando quais são as competências mais disputadas no mercado de trabalho.

CONCLUSÕES

Em virtude de um cenário econômico aquecido, quando se trata da tecnologia da informação, diversos requisitos e qualificações são exigidos para a atuação profissional nesta área, sendo o inglês um dos requisitos mais importantes, por ser o idioma base para a criação, documentação, referências e alcance dos produtos e serviços gerados na TI. Desta maneira, nosso trabalho pôde concluir que a língua inglesa, para a atuação na área de TI, não é somente um diferencial mas sim um requisito obrigatório e fundamental.

REFERÊNCIAS

ALVES, G. F. O. Artigo:Quer ser programador? Aprenda inglês! 2015.
MELO, R. Artigo: Inglês na área de TI é obrigatório? 2018.
REIS, F. Artigo: Aprender a programar em sua própria língua ou em inglês – o que é melhor? 2020.
SANTOS, F. Artigo: Por que aprender inglês. 2020.

(Disponível em: https://www.fatecbt.edu.br/fatec/index.php/apresentacao-poster-jornada-2020-ciencia-da-computacao/#lg=1&slide=4. Acesso em: 4/7/2023.)

Painel 3

VULNERABILIDADE À CONTAMINAÇÃO DO AQUÍFERO NO MUNICÍPIO DE CAMAÇARI – BA: UMA APLICAÇÃO DOS MÉTODOS GOD E GODS

MELO, Danilo Heitor Caires Tinoco Bisneto; CAVALCANTI, Susana Silva; SALLES, Lucas de Queiroz; SANTOS, Cristovaldo Bispo dos; VIOLA, Denise Nunes; LEAL, Luiz Rogério Bastos

INTRODUÇÃO

As águas subterrâneas representam um importante recurso para o abastecimento público, necessitando da elaboração de políticas de proteção com a definição de planos que garantam a manutenção da qualidade deste recurso. Neste sentido, existe a necessidade da implantação de bases teóricas, conceituais e metodológicas que esclareçam a dinâmica do ambiente, passando a ser visto como um sistema, com o intuito de compreender as diversas entidades que o compõem, analisando a sua organização, estrutura espacial, funcionalidade, interação e hierarquização.

OBJETIVOS

Este trabalho tem como objetivo avaliar e comparar a vulnerabilidade à contaminação dos aquíferos no Município de Camaçari, BA, utilizando os métodos GOD e GODS.

ÁREA DE ESTUDO

O Município de Camaçari está localizado no litoral Norte do Estado da Bahia, também denominada de Costa dos Coqueiros, tendo como municípios limítrofes Dias d'Ávila, Lauro de Freitas, Mata de São João e Simões Filho, como ilustrado na Figura 1.

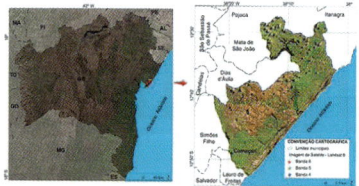

FIGURA 1: Localização do Município de Camaçari – Ba.

METODOLOGIA

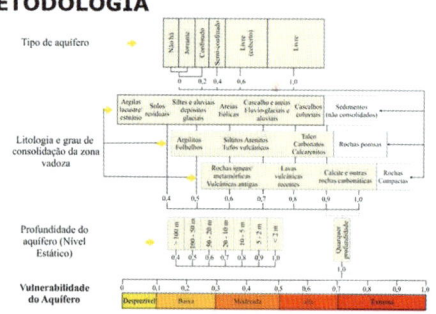

FIGURA 2: Diagrama do método GOD.
FONTE: Adaptada de Foster et al. (2002).

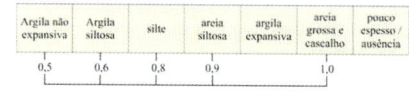

FIGURA 3: Inclusão do Fator Solos no GOD.
FONTE: Adaptada de CVC, 1999.

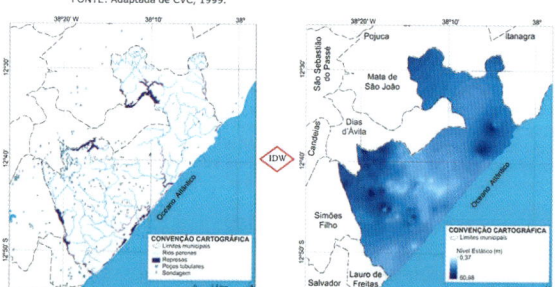

FIGURA 4: Mapa de localização dos poços de captação da água (A) e a conversão em informação contínua (B).

RESULTADOS E DISCUSSÃO

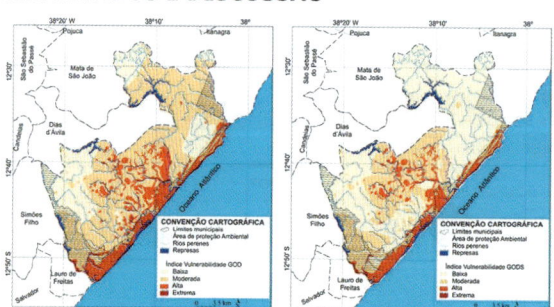

FIGURA 5: Mapa de vulnerabilidade à contaminação pelo método GOD e GODS.

Este estudo trata de um diagnóstico preliminar a respeito da vulnerabilidade à contaminação de aquífero no município de Camaçari e deve ser usado para auxiliar os órgãos públicos no planejamento territorial.

REFERÊNCIAS

FOSTER, S.; et al. **A Guide for Water Service Companies, Municipal Authorities and Environment Agencies**. Washington: The World Bank, 2002.

CORPORACIÓN AUTÓNOMA REGIONAL DEL VALLE DEL CAUCA (CVC). Evaluación de la vulnerabilidad a la contaminación de las aguas subterráneas en el Valle del Cauca. Santiago de Cali: CVC, 1999. 26 P.

XVIII SBGFA | GEOGRAFIA FÍSICA E AS MUDANÇAS GLOBAIS | 11A 15.06.2019

(Disponível em: https://nehma.ufba.br/sites/nehma.ufba.br/files/sbgfaposter.jpg. Acesso em: 4/7/2023.)

1. Os **painéis científicos** costumam seguir uma estrutura semelhante, mas podem sofrer algumas variações. Nos painéis em estudo, estão presentes, entre outros, os seguintes conteúdos:

    - Introdução;
    - Nome do(s) responsável(is) pelo trabalho/instituição a que pertence(m);
    - Descrição do desenvolvimento do trabalho;
    - Referências bibliográficas;
    - Título do trabalho;
    - Nome da instituição promotora do evento, nome do evento, data;
    - Conclusão/Resultados.

    a) Com base na observação dos três painéis, indique, no esquema a seguir, a sequência geral dos conteúdos listados acima em um painel científico.

b) Troque ideias com os colegas e o professor e levante hipóteses: É possível haver variação nessa ordem? Justifique sua resposta.

_____
_____
_____

c) Releia os títulos dos três painéis e deduza: Eles se destinam ao público em geral ou a um público especializado? Justifique sua resposta com base nos textos.

_____
_____
_____

d) Observe os logotipos que compõem a parte superior e/ou inferior nos três painéis: O que eles representam?

_____
_____
_____

2. Os três painéis são compostos de textos verbais e de imagens variadas.

a) Neles, há predominância de textos verbais, de textos não verbais ou há um equilíbrio entre os dois?

_____
_____
_____

b) Em que formato foi apresentada a introdução nos três painéis?

_____

c) Quais são os tipos de imagem presentes em cada painel? Associe a numeração de cada texto (1, 2 e 3) ao respectivo recurso visual:

☐ tabela   ☐ mapa

☐ diagrama   ☐ infográfico

☐ fotografia   ☐ gráfico

☐ ilustração   ☐ logotipo

3. Observe atentamente esta imagem do painel 2:

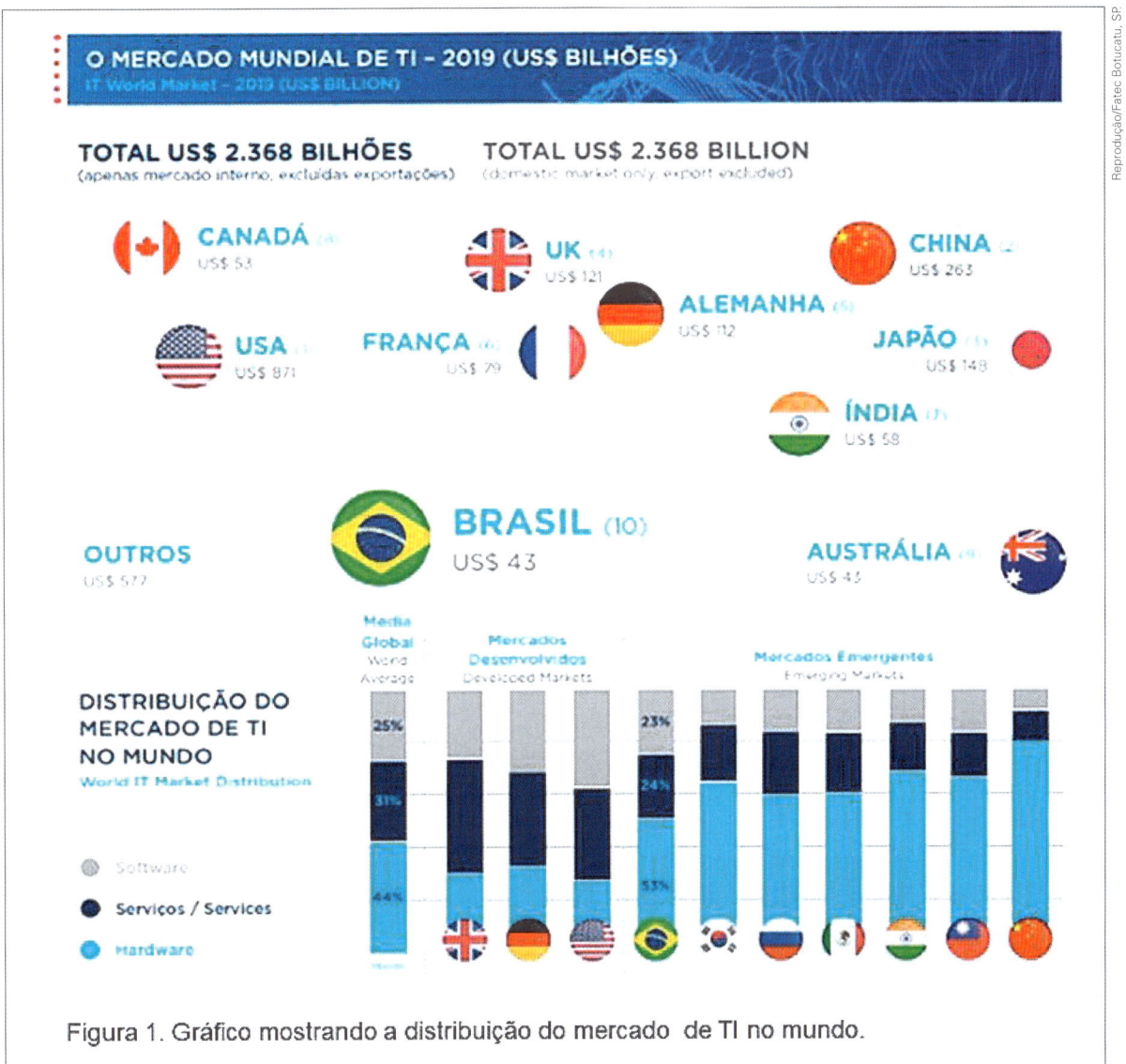

Figura 1. Gráfico mostrando a distribuição do mercado de TI no mundo.

Agora leia a definição de infográfico a seguir:

infográfico

- **adjetivo**

    1 relativo a infografia.

- **substantivo masculino**

    Rubrica: editoração, jornalismo.

    2 apresentação de informações com preponderância de elementos gráfico-visuais (fotografia, desenho, diagrama estatístico etc.) integrados em textos sintéticos e dados numéricos, ger. utilizada em jornalismo como complemento ou síntese ilustrativa de uma notícia; infografia.

    (*Dicionário eletrônico Houaiss da língua portuguesa 1.0.*)

Compare a definição de infográfico à imagem apresentada e conclua: Podemos afirmar que ela é um infográfico? Justifique sua resposta.

_____
_____
_____
_____

4. Para produzir um painel, é possível transformar textos verbais em esquemas ou diagramas, por exemplo, o que está presente na seção "Metodologia" do painel 3.

Observe a transformação de um parágrafo do painel 2 em um esquema:

MATERIAL E MÉTODOS

Uma vez que a tecnologia e a tecnologia da informação avançam em proporções colossais, a demanda por profissionais qualificados para atuar nestes campos também cresce. No que diz respeito aos profissionais da área de tecnologia da informação, deve-se destacar que aprender a língua inglesa pode ser ainda mais importante do que o esperado, uma vez que plataformas utilizadas por programadores, bem como as linguagens de programação, são em inglês. Como metodologia foi feita uma busca em bases bibliográficas na internet utilizando as seguintes palavras-chave: "tecnologia da informação", "inglês", "mercado de TI", "aprendizado" e "língua inglesa".

(Adaptado de: https://www.fatecbt.edu.br/fatec/index.php/apresentacao-poster-jornada-2020-ciencia-da-computacao/#lg=1&slide=4. Acesso em: 4/7/2023.)

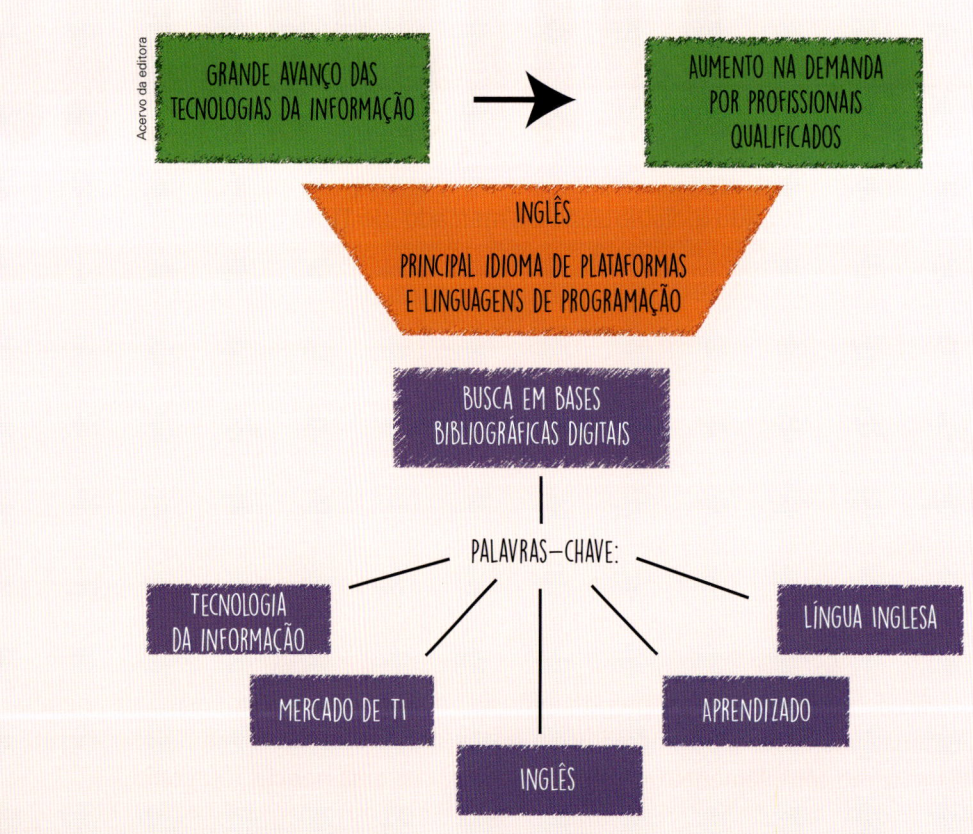

a) Para fazer a transformação de um parágrafo em esquema, tal como o exemplo visto, são necessárias as ações listadas a seguir. Troque ideias com os colegas e o professor e numere-as seguindo a ordem na qual elas devem ser realizadas.

☐ Estabelecimento das relações entre conceitos importantes para a definição e a exploração do tema central.

☐ Demarcação das ideias centrais a serem trabalhadas na seção do painel.

☐ Estudo e escolha das palavras-chave ou frases importantes para o objetivo da seção do painel.

☐ Organização do esquema estabelecendo as relações primárias, secundárias e terciárias entre termos e conceitos.

☐ Escolha de uma apresentação visual interessante ao leitor, com seleção de tamanhos de letras, símbolos e cores para os diferentes níveis do esquema.

b) Reúna-se com dois colegas e transformem o trecho a seguir, do painel 1, em um esquema. Depois, comparem a proposta de vocês com as de outros trios.

PRODUÇÃO

A parte iconográfica da pesquisa se deu no acervo online do *Science History Institute* e da *Royal Society of Chemistry*. Organizamos uma exposição itinerante com pôsteres que ilustram mais de trinta "**Visões da Lei Periódica**" publicadas entre 1869 e 2019. Nossa contribuição original nesta montagem inclui um livreto com informações sobre as cientistas envolvidas na descoberta ou caracterização de novos elementos.

A exposição foi apresentada pela primeira vez na Semana da Química do IFSP e, em seguida, na Semana de Química da USP.

(Disponível em: https://www.ifsp.edu.br/images/pdf/Noticias/2020/Dez2020/17_SNHCT_banner_IC_Nathalia_Miwa.pdf. Acesso em: 4/7/2023.)

5. Qual é a última seção dos três painéis? Levante hipóteses: Por que essa seção é importante em painéis apresentados em eventos científicos?

_____
_____
_____
_____

6. Com a orientação do professor, reúna-se com os colegas para preencher o quadro a seguir com as características básicas do painel científico.

Painel científico: construção e recursos expressivos	
Quem são os interlocutores do painel científico?	
Qual é o objetivo do painel científico?	
Qual é o suporte ou o veículo do painel científico?	
Quais são os temas abordados no painel científico?	
Como é a estrutura do painel científico?	
Como se caracteriza a linguagem do painel científico?	

AGORA É A SUA VEZ

Para compor a feira **Caminhos para o consumo sustentável**, a ser realizada pela turma na **Oficina de Criação**, produzam painéis sobre os temas pesquisados por vocês em toda a unidade ou outros relacionados ao desperdício e ao consumo sustentável.

Escolham, entre os temas estudados, aquele que mais chamou a atenção de vocês. Com a orientação do professor, decidam se produzirão os painéis individualmente ou em grupos. Antes, leiam, a seguir, as dicas dadas pelo blog *Sobrevivendo na Ciência* para fazer painéis de qualidade e que chamem a atenção do público.

Como fazer um pôster científico

1. **Fazendo ótimas ilustrações**: ilustre seu trabalho com figuras realmente bonitas, de preferência coloridas, como fotos de alta qualidade (alta resolução, boa nitidez e bom enquadramento) e gráficos bem-feitos. É preciso que uma figura central no pôster fisgue os visitantes à distância [...].

2. **Criando um título instigante**: crie um título conciso, informativo e chamativo, como uma boa manchete de jornal. Use palavras que chamem a atenção e que despertem curiosidade. Prefira os termos que estão na moda na sua área de pesquisa. Use fontes grandes no título e um fundo diferente do resto do pôster, a fim de dar maior ênfase à sua manchete. O título é a segunda isca, quase tão importante quanto as figuras centrais.

3. **Usando as cores de forma inteligente**: use um esquema de cores que seja ao mesmo tempo atraente, mas que não canse o leitor. Use cores mais quentes nas bordas e cores mais frias para contrastar com o texto. Use as cores também para se comunicar: cores similares para coisas similares. Por exemplo, se estudou três espécies, use uma cor para cada uma, repetindo essa cor em gráficos e textos.

(Disponível em: https://marcoarmello.wordpress.com/2012/03/13/poster/. Acesso em: 2/6/2023.)

Planejamento do texto

- Retomem as pesquisas realizadas por vocês e decidam qual enfoque será dado à produção dos painéis (não é possível colocar todas as informações em um único painel).

- Definam quais serão as seções dos painéis, da introdução até as referências.

- Resumam as informações pesquisadas, selecionando as mais relevantes ao enfoque escolhido e aquelas que podem ser sintetizadas em esquemas e infográficos.

- Especifiquem qual será o formato de cada seção: parágrafo, tópicos, esquema, gráfico, infográfico, etc., atentando para que haja equilíbrio visual nos painéis como um todo.

- Organizem o conteúdo de cada uma das seções dos painéis, preocupando-se com a síntese, a sequência, o encadeamento e a continuidade de ideias a serem apresentadas.
- Façam um esboço dos painéis em tamanho menor.
- Decidam em que formato e em que material os painéis serão produzidos: cartolinas, *banners* a serem reutilizados e papel *Kraft* ou se serão montados diretamente na parede do local da feira.

Escrita

- Criem um título, escrevam o nome dos autores e o nome do evento na parte superior dos painéis. Também é possível registrar o nome do colégio e colocar o logotipo da instituição.
- Produzam ou reproduzam (indicando a fonte) nas seções, conforme o planejado, textos verbais, gráficos, infográficos, tabelas, mapas, esquemas, etc.
- Determinem o tamanho e o tipo da fonte e das imagens utilizadas em cada seção, pensando na visualização do público durante a feira. Para ajudar a tomar essas decisões, leiam o boxe ao lado "Dicas para escolher a fonte do painel".
- Finalizem com a seção que expõe resultados, conclusões ou considerações finais sobre a pesquisa, seguidos da enumeração das referências bibliográficas utilizadas.

Dicas para escolher a fonte do painel

1. Escolham um tipo de fonte que ofereça boa leitura do painel, tanto de perto quanto de longe.
2. Para manter a harmonia e a hierarquia visual do texto verbal, evitem usar muitos tipos de fonte no painel.
3. Se possível, façam a seguinte combinação: fonte sem serifa em título, subtítulo e intertítulos e fonte com serifa no corpo do texto.
   - Exemplos de fontes com serifa: Times New Roman e Garamond.
   - Exemplos de fontes sem serifa: Arial e Calibri.

4. Sobre o tamanho das fontes do painel, considerem as seguintes referências:
   - Título e subtítulo: em caixa-alta e negrito, com tamanho próximo a 70.
   - Nome do aluno e do orientador: em negrito, com tamanho próximo a 40.
   - Títulos das seções: em caixa-alta e negrito, com tamanho próximo a 40.
   - Corpo do texto: com tamanho próximo a 40.
   - Legendas: com tamanho mínimo de 18 e máximo de 26.

(Adaptado de: https://edisciplinas.usp.br/pluginfile.php/5804762/mod_resource/content/1/Aula%20Como%20preparar%20um%20poster.pdf. Acesso em: 6/7/2023.)

Revisão e reescrita

Antes de passar a limpo e expor o painel na feira, releiam-no observando se:

- ele apresenta título, nome dos autores, instituição dos autores e nome do evento em que será apresentado;
- as seções do painel apresentam continuidade e progressão entre elas;
- há equilíbrio entre texto verbal e texto não verbal, com uso de gráficos, tabelas, esquemas, infográficos, mapas e imagens;
- o tamanho e o tipo de fonte estão adequados à visualização do painel pelo público;
- há, no final, as referências bibliográficas consultadas na pesquisa;
- o painel apoia suficientemente a fala dos expositores.

Para escrever com TÉCNICA

O resumo

No 7º ano, você aprendeu a fazer tomada de notas e resumo. Neste capítulo, vamos retomar e aprofundar a técnica de sumarização, que é essencial para a produção de um bom resumo.

Leia o texto a seguir.

Com biofábricas, rastreabilidade e moda consciente, algodão sustentável vira diferencial brasileiro

O algodão é uma fibra natural encontrada em muitos itens básicos, do vestuário à cozinha, de produtos de higiene a papel moeda – o tecido leve e respirável que mantém frescor e maciez, que contribui para a limpeza e ajuda a tratar feridas. Provavelmente, você é uma das muitas pessoas que usam algodão diariamente. Comparado a outras fibras comuns de vestuário, como poliéster sintético e produtos semissintéticos, o algodão tem a vantagem de ser um produto totalmente natural, o que significa, também, que é biodegradável.

Embora o algodão seja uma fibra natural, sua produção, ao longo dos séculos, foi assombrada pelo impacto promovido, entre outros, na forma de poluição e exploração de trabalho. A fibra natural mais abundantemente fabricada no mundo (estima-se que 25 milhões de toneladas de algodão sejam produzidas a cada ano) passou por um caminho tortuoso até chegar à fase atual, marcada pela preocupação global em fazer com que o "ouro branco" seja plantado, colhido, aprimorado e comercializado de forma sustentável e ética.

O país é hoje o maior fornecedor global de algodão certificado, segundo dados do movimento Sou de Algodão, afiliado à Associação Brasileira dos Produtores de Algodão (Abrapa).

No que diz respeito ao meio ambiente, o algodão enfrenta alguns obstáculos: geralmente, requer muita água para crescer, e é cultivado principalmente em condições áridas. Isso significa que, em algumas culturas, não apenas grandes quantidades de água são usadas para cultivar algodão todos os anos, mas a produção também contribui para o ressecamento de algumas regiões. E o alto nível de desperdício de água não se deve apenas à irrigação – também é comumente resultado do uso ineficiente da água e da poluição devido ao uso de pesticidas.

Esse cenário, contudo, está cada vez mais distante da realidade brasileira. O país é o maior fornecedor de algodão sustentável do mundo: a fibra produzida aqui é predominantemente cultivada de forma responsável (75% da produção possui certificação socioambiental), gera empregos, movimenta a economia e contribui para uma moda consciente. O Brasil é campeão mundial em produtividade quando o assunto é o algodão sem irrigação: mais de 90% de nossas plantações dependem apenas da água da chuva para se desenvolver.

[...]

Nos últimos anos, o Brasil tem se mantido entre os cinco maiores produtores mundiais da fibra, ao lado de países como China, Índia, EUA e Paquistão, e a demanda pelo produto local deve continuar aquecida. [...]

O vasto cultivo de algodão orgânico, em vez do algodão convencional, é uma vantagem competitiva para o Brasil tanto pelo viés econômico quanto pelo ambiental. A prática reduz os níveis de poluição da água em 98%, de acordo com um relatório da Water Footprint, uma vez que produtos químicos sintéticos como pesticidas e fertilizantes não são usados.

De acordo com a Textile Exchange, o algodão orgânico cria 46% menos emissões de gases de efeito estufa do que o algodão convencional, simplesmente por não usar fertilizantes e pesticidas que liberam dióxido de nitrogênio e usar menos práticas agrícolas mecanizadas. Por ser livre de fertilizantes e pesticidas, o solo também atua como um "sumidouro de carbono", absorvendo CO_2 da atmosfera.

[...]

Esses feitos são destacados pelo movimento Sou de Algodão, criado pela Abrapa [Associação Brasileira dos Produtores de Algodão], em parceria com o Instituto Brasileiro do Algodão (Iba), em 2016, para despertar uma consciência coletiva em torno da moda e do consumo responsável.

[...]

O movimento deu origem à iniciativa de rastreabilidade SouABR, que, através de tecnologia blockchain, rastreia peças de roupa, desde o plantio do algodão certificado até a venda do produto final, para que o consumidor tenha certeza da origem daquilo que está adquirindo e qual o impacto que esta compra teve no meio ambiente, na sociedade e na economia. A matéria-prima certificada permite mapear o caminho percorrido da semente plantada até o guarda-roupa, evidenciando o cuidado cada vez maior com a sustentabilidade em cada etapa do caminho.

[...]

(Guilherme Justino. Disponível em: https://umsoplaneta.globo.com/sociedade/consumo-consciente/noticia/2022/08/01/com-biofabricas-rastreabilidade-e-moda-consciente-algodao-sustentavel-vira-diferencial-brasileiro.ghtml. Acesso em: 7/7/2023.)

1. Para fazer um bom resumo, é necessário ler o texto-base pelo menos duas vezes, a fim de captar as ideias principais. Portanto, leia novamente o texto e responda:

a) Qual é o tema central do texto?

b) Qual é o foco da abordagem do tema: o contexto nacional ou o contexto internacional?

c) Qual é a relação entre o tema e o cotidiano da população?

2. De acordo com o texto, o cultivo de algodão pode acarretar grandes prejuízos ambientais, caso não seja realizado por meio de uma abordagem sustentável. Segundo o texto:

a) Como o Brasil conduz sua produção de algodão atualmente?

_____
_____
_____

b) Qual é o posicionamento do Brasil quando comparado à média mundial de produção de algodão?

_____
_____
_____

3. Além de abordar o cultivo do algodão, o texto menciona a indústria da moda.

a) Qual é a relação entre esses dois contextos?

_____
_____
_____

b) Na conclusão, o texto apresenta um recurso que aprimora essa relação, o qual já havia sido anunciado no título. Qual é esse recurso?

_____
_____
_____

c) A proposta indicada por você no item **b** já está sendo implementada ou ainda é estudada como uma possibilidade? Justifique sua resposta com base no texto.

_____
_____
_____
_____

Ao responder às questões, você deve ter percebido que elas procuram captar as ideias principais do texto e organizá-las na sequência em que aparecem. Esse é o primeiro passo da técnica de **sumarização**.

Ao sumarizar um texto, é preciso identificar as informações mais importantes dele, agrupá-las em blocos e eliminar as secundárias, que apenas desenvolvem ou exemplificam as informações primárias.

Unidade 4

Resumir não é apenas a ação de recortar e colar trechos do texto original. É preciso que o autor do resumo tenha clareza do que pretende preservar e eliminar do texto-base de acordo com sua leitura, sua compreensão e seus objetivos com o resumo a ser produzido. Além disso, ao resumir, o autor deve escrever outro texto com as próprias palavras, em vez de remontar as frases originais.

Portanto, a produção de um resumo é sempre a produção de um novo texto, e, mesmo que duas pessoas façam resumos de um único texto, eles certamente serão diferentes em virtude da leitura que cada um dos autores fez do original.

Sumarização

Veja, a seguir, que a técnica da sumarização pode ser feita a partir da seleção das informações principais do texto-base para, em seguida, construir um novo texto apenas com elas, ou seja, para fazer um resumo.

Com biofábricas, rastreabilidade e moda consciente, algodão sustentável vira diferencial brasileiro

O algodão é uma fibra natural encontrada em muitos itens básicos, do vestuário à cozinha, de produtos de higiene a papel moeda – o tecido leve e respirável que mantém frescor e maciez, que contribui para a limpeza e ajuda a tratar feridas. Provavelmente, você é uma das muitas pessoas que usam algodão diariamente. Comparado a outras fibras comuns de vestuário, como poliéster sintético e produtos semissintéticos, o algodão tem a vantagem de ser um produto totalmente natural, o que significa, também, que é biodegradável.

Embora o algodão seja uma fibra natural, sua produção, ao longo dos séculos, foi assombrada pelo impacto promovido, entre outros, na forma de poluição e exploração de trabalho. A fibra natural mais abundantemente fabricada no mundo (estima-se que 25 milhões de toneladas de algodão sejam produzidas a cada ano) passou por um caminho tortuoso até chegar à fase atual, marcada pela preocupação global em fazer com que o "ouro branco" seja plantado, colhido, aprimorado e comercializado de forma sustentável e ética.

No que diz respeito ao meio ambiente, o algodão enfrenta alguns obstáculos: geralmente, requer muita água para crescer, e é cultivado principalmente em condições áridas. Isso significa que, em algumas culturas, não apenas grandes quantidades de água são usadas para cultivar algodão todos os anos, mas a produção também contribui para o ressecamento de algumas regiões. E o alto nível de desperdício de água não se deve apenas à irrigação – também é comumente resultado do uso ineficiente da água e da poluição devido ao uso de pesticidas.

Esse cenário, contudo, está cada vez mais distante da realidade brasileira. O país é o maior fornecedor de algodão sustentável do mundo: a fibra produzida aqui é predominantemente cultivada de forma responsável (75% da produção possui certificação socioambiental), gera empregos, movimenta a economia e contribui para uma moda consciente. O Brasil é campeão mundial em produtividade quando o assunto é o algodão sem irrigação: mais de 90% de nossas plantações dependem apenas da água da chuva para se desenvolver.

[...]

Nos últimos anos, o Brasil tem se mantido entre os cinco maiores produtores mundiais da fibra, ao lado de países como China, Índia, EUA e Paquistão, e a demanda pelo produto local deve continuar aquecida. [...]

O vasto cultivo de algodão orgânico, em vez do algodão convencional, é uma vantagem competitiva para o Brasil tanto pelo viés econômico quanto pelo ambiental. A prática reduz os níveis de poluição da água em 98%, de acordo com um relatório da Water Footprint, uma vez que produtos químicos sintéticos como pesticidas e fertilizantes não são usados.

De acordo com a Textile Exchange, o algodão orgânico cria 46% menos emissões de gases de efeito estufa do que o algodão convencional, simplesmente por não usar fertilizantes e pesticidas que liberam dióxido de nitrogênio e usar menos práticas agrícolas mecanizadas. Por ser livre de fertilizantes e pesticidas, o solo também atua como um "sumidouro de carbono", absorvendo CO^2 da atmosfera.

[...]

Esses feitos são destacados pelo movimento Sou de Algodão, criado pela Abrapa [Associação Brasileira dos Produtores de Algodão], em parceria com o Instituto Brasileiro do Algodão (Iba), em 2016, para despertar uma consciência coletiva em torno da moda e do consumo responsável.

[...]

O movimento deu origem à iniciativa de rastreabilidade SouABR, que, através de tecnologia blockchain, rastreia peças de roupa, desde o plantio do algodão certificado até a venda do produto final, para que o consumidor tenha certeza da origem daquilo que está adquirindo e qual o impacto que esta compra teve no meio ambiente, na sociedade e na economia. A matéria-prima certificada permite mapear o caminho percorrido da semente plantada até o guarda-roupa, evidenciando o cuidado cada vez maior com a sustentabilidade em cada etapa do caminho.

Resumo

Com biofábricas, rastreabilidade e moda consciente, algodão sustentável vira diferencial brasileiro

O algodão é uma fibra natural usada diariamente pela população em itens básicos de vestimenta, higiene, cozinha, etc., e tem a vantagem ambiental de ser um produto totalmente natural e, portanto, biodegradável. Sua produção ao longo dos séculos, entretanto, causou um grande impacto socioambiental. Por esse motivo, atualmente o mundo todo está atento ao cultivo e ao manejo sustentável da fibra.

Nesse cenário, o Brasil vem se destacando internacionalmente na produção de algodão orgânico, prática que tem se mostrado favorável ao meio ambiente, já que minimiza o gasto de água para a irrigação aproveitando a água da chuva e não faz uso de fertilizantes e pesticidas. O cultivo orgânico também emite menor quantidade de gases do efeito estufa, benefício já citado em relatórios e pesquisas da área.

Tal destaque brasileiro deu origem ao movimento Sou de Algodão, que estimula uma consciência coletiva em torno da moda e do consumo sustentável, mapeando peças de roupa produzidas com algodão orgânico, cuja origem pode ser rastreada, a fim de que o consumidor saiba o impacto ao meio ambiente causado pela peça de roupa desde o plantio do algodão.

EXERCÍCIOS

Desenvolva uma das propostas de resumo a seguir. O resumo feito por você vai compor um mural a ser exibido na feira **Caminhos para o consumo sustentável** na **Oficina de Criação**.

Proposta 1

Leia o texto a seguir pelo menos duas vezes. A partir da segunda leitura, comece a marcar as partes principais e, em seguida, faça um resumo dele com base nos trechos que selecionou.

O que a indústria da moda ainda não entendeu sobre: sustentabilidade

[...]

No início da década de noventa, o termo upcycling mal existia e ainda levaria muitos anos para ganhar popularidade no Brasil. Sem saber, era justamente isso que a jovem estilista pernambucana Magna Coeli fazia em sua pequena confecção em Recife. O ano era 1990 e, incomodada com tanto desperdício, ela decidiu reaproveitar todas as sobras têxteis para criar novas peças de roupas e acessórios. "Para mim, lixo nunca foi lixo, sempre foi matéria-prima para criar coisas", lembra.

Apesar do estranhamento que o modelo de negócio, até então uma novidade, causou na época, a empreitada deu certo. Assim, nasceu a Refazenda (@refazenda), que há 32 anos promove a reutilização de tecidos que, em negócios tradicionais da moda, seriam jogados fora. Por três vezes, a marca foi citada em relatórios da Organização das Nações Unidas (ONU) Meio Ambiente como case de economia circular com longevidade. Agora, três décadas após Magna constatar que o desperdício era um problema ambiental, os impactos da indústria têxtil já estão sendo sentidos e os números são preocupantes.

No Brasil, quase 9 bilhões de peças são confeccionadas por ano, o que daria, em média, 42,5 peças por habitante. Em São Paulo, na região do Brás — considerado o maior polo de confecção de roupas do País — é descartada, por dia, uma quantidade equivalente a aproximadamente 16 caminhões de lixo têxtil (boa parte disso são sobras de produção). Os dados fazem parte do Fios da Moda, primeiro relatório que sistematiza dados sobre a indústria têxtil no Brasil, feito pelo Instituto Modefica em parceria com a Fundação Getúlio Vargas (FGV) e a consultoria internacional Regenerate Fashion.

[...]

Por ano, a indústria da moda global produz 150 bilhões de peças, sendo que pelo menos 30% delas nunca são vendidas e outro terço só sai das lojas com desconto, segundo levantamento da ShareCloth. De acordo com relatório da Ellen MacArthur Foundation, 73% dos resíduos têxteis são incinerados ou jogados em aterros sanitários — o que equivale a um caminhão de lixo de roupas por segundo. Desse montante, somente 12% vão para a reciclagem e menos de 1% é usado para fabricar novas peças. Além disso, dados da McKinsey & Company mostram que o número de vezes que uma peça de vestuário é usada antes de ser descartada diminuiu 36% no período de 2000 a 2014.

[...]

O deserto do Atacama, um dos cartões-postais do Chile, também se tornou uma lixeira a céu aberto da indústria da moda. As roupas, conforme apuração da agência de notícias Associated Press, são fabricadas em Bangladesh e na China e enviadas a lojas da Europa, Estados Unidos e do próprio continente asiático. No decorrer desse trajeto, parte do que não é comprado acaba sendo adquirida por vendedores de segunda mão na Zona Franca de Iquique, local que recebe cerca de 59 mil toneladas de roupas por ano. O objetivo é revender a outros países latinos. No entanto, mais uma vez, peças que ficam de fora da comercialização têm como última parada o aterro.

[...]

De acordo com a ONU, a indústria têxtil é responsável pela emissão de cerca de 8% dos gases tóxicos que contribuem para as mudanças climáticas e a segunda mais poluidora do mundo, ficando atrás apenas da indústria petrolífera. Para se ter ideia, a produção de roupas — que praticamente dobrou nos primeiros 15 anos deste século — é responsável por 20% do desperdício de água no mundo, e a confecção de um par de jeans, por exemplo, consome 7,5 mil litros de água. Os efeitos dessa cadeia de produção desenfreada não param por aí.

Além de ter o petróleo como base e levar mais de 200 anos para se decompor, o poliéster (conhecido como PET), uma das fibras sintéticas mais utilizadas na produção de roupas, é responsável por liberar uma alta quantidade de microplásticos na água, encontrados, inclusive, no estômago de animais marinhos, como revelam pesquisas científicas. Ao bater peças desse material na máquina de lavar, por exemplo, diversas partículas de plástico se soltam na água e percorrem um longo trajeto de contaminação até chegar nos oceanos. Outra fibra artificial bastante utilizada na moda é a viscose. Proveniente da celulose, sua produção requer a derrubada de árvores de florestas nativas, inclusive ameaçadas de extinção — o que inclui a Amazônia.

[...]

(Camila Cecílio. Disponível em: https://vogue.globo.com/Vogue-Negocios/noticia/2022/05/o-que-industria-da-moda-ainda-nao-entendeu-sobre-sustentabilidade.html. Acesso em: 7/7/2023.)

Proposta 2

Copie o texto que você leu na Proposta 1, ou outro texto de sua escolha, e peça a um "assistente virtual inteligente" para resumi-lo. Em seguida, compare o resumo com o original, destacando os trechos do texto-base usados no resumo. Depois, avalie se concorda com a seleção feita, se mudaria alguma parte, se eliminaria alguma informação, se acrescentaria algo, entre outras possibilidades de alteração.

Caso você tenha produzido o resumo na Proposta 1, compare-o ao resumo criado pelo assistente virtual, observando as diferenças entre eles.

Proposta 3

Assista pelo menos duas vezes ao vídeo "A indústria da moda brasileira e seus principais desafios para sustentabilidade", elaborado pela organização Modefica (disponível em: https://www.youtube.com/watch?v=t-DHYM8Rsrb0; acesso em: 7/7/2023.)

A indústria da moda brasileira e seus principais desafios para sustentabilidade

Enquanto ouve o texto falado no vídeo, anote as ideias principais. Depois, com base nelas, elabore o resumo.

OFICINA DE CRIAÇÃO

Projeto » Caminhos para o consumo sustentável

Organize com os colegas uma feira contra o consumismo. A programação do evento será variada, com debates, apresentações orais, exposição de painéis e o lançamento das cartilhas educativas produzidas por vocês nesta unidade.

A feira deve envolver toda a escola. Você e os colegas podem convidar as outras turmas, pais, professores e funcionários para prestigiá-la. Além disso, convidem professores e outros alunos para participar de novos debates ou palestras sobre consumismo.

Deem à feira o título **Caminhos para o consumo sustentável** ou outro, escolhido pela turma.

1. Colocando em prática as deliberações

- No debate realizado na sala de aula, vocês chegaram a uma lista de deliberações. Reavaliem-na e decidam quais podem ser postas em prática na feira.
- Dividam entre os colegas da turma as ações a serem colocadas em prática.
- As ações que não forem postas em prática podem compor painéis com dicas e orientações ao público para que executem as ações na própria vida.

2. Organizando os debates

- Façam a edição da gravação dos ensaios dos debates e organizem sessões para a reprodução dos vídeos.
- Programem seções de debates ao vivo, considerando os temas que discutiram no capítulo 1 e que também podem ser do interesse do público.
- Divulguem os horários das sessões e organizem o espaço para a reprodução dos vídeos e para a realização dos debates, com telão ou televisão e *datashow*.

- Após a realização dos debates e a exibição dos vídeos, abram espaço para perguntas e comentários do público, para que as questões sejam mais debatidas pela comunidade escolar e novas deliberações sejam realizadas.
- Vocês também podem organizar novos debates com outros enfoques sobre os temas desperdício e consumismo, contando com a participação de outras turmas e outros professores.
- Além dos debates, vocês podem organizar palestras com professores e outros especialistas no tema consumo sustentável.

3. Expondo as dicas, os resumos e os painéis

- Reúnam as dicas escritas pela turma.
- Montem cartazes com as dicas para serem expostos durante a feira.
- Planejem uma apresentação chamativa para os cartazes, com título em destaque, diferentes cores, tamanhos de letra e imagens.
- Agrupem os painéis produzidos no capítulo 3 e escolham os locais em que serão afixados durante a feira.
- Reúnam e organizem os resumos em um painel ou mural à parte e exponham-no com os demais painéis.

4. Planejando as apresentações orais

- Preparem um cronograma para a realização das apresentações orais.
- Montem uma programação com horário e título das apresentações e seus autores e divulguem-na antes e durante a realização da feira, para que os convidados possam se orientar.
- O professor poderá ser o moderador: ele vai apresentar os grupos, controlar o tempo de fala e o tempo para perguntas.

5. Organizando o lançamento das cartilhas educativas

- Organizem um local de destaque para as cartilhas educativas, montando uma mesa na qual elas possam ficar expostas.
- Escolham um horário para o lançamento e convidem os participantes da feira.

Bibliografia

ANTUNES, Irandé. Avaliação da produção textual no ensino médio. *In*: BUNZEN, C.; MENDONÇA, M. *Português no ensino médio e formação do professor*. São Paulo: Parábola, 2006.

ARAÚJO, Júlio César (org.). *Internet e ensino*: novos gêneros, outros desafios. Rio de Janeiro: Lucerna, 2007.

BAGNO, M. *Sete erros aos quatro ventos*: a variação linguística no ensino de português. São Paulo: Parábola, 2013.

BAKHTIN, Mikhail. *Marxismo e filosofia da linguagem*. São Paulo: Hucitec, 1979.

BAKHTIN, Mikhail. Os gêneros do discurso. *In*: BAKHTIN, Mikhail. *Estética da criação verbal*. São Paulo: Martins Fontes, 1997.

BARBOSA, Jaqueline Peixoto. Outras mídias e linguagens na escola. *In*: CARVALHO, Maria Angélica Freire; MENDONÇA, Rosa Helena (org.) *Práticas de leitura e escrita*. Brasília: Ministério da Educação, 2006. p. 174-179.

BRASIL. Ministério da Educação. *Base Nacional Comum Curricular*. Brasília, 2018. Disponível em: http://basenacionalcomum.mec.gov.br/images/BNCC_EI_EF_110518_versaofinal_site.pdf. Acesso em: 3 mar. 2023.

BUZATO, Marcelo. *Letramentos digitais e formação dos professores*. Disponível em: https://www.researchgate.net/publication/242229367_Letramentos_Digitais_e_Formacao_de_Professores. Acesso em: 6 mar. 2023.

COSCARELLI, Carla V. (org.). *Tecnologias para aprender*. São Paulo: Parábola, 2016.

COSCARELLI, Carla V.; RIBEIRO, Ana E. *Letramento digital*: aspectos sociais e possibilidades pedagógicas. Belo Horizonte: Ceale/Autêntica, 2011.

DIONÍSIO, Ângela P. *et al. Gêneros textuais & ensino*. Rio de Janeiro: Lucerna, 2002.

FARIA, Maria Alice de Oliveira. *O jornal na sala de aula*. São Paulo: Contexto, 1989.

FREITAS, Maria Teresa. Letramento digital e formação de professores. *Educação em Revista*, Belo Horizonte, v. 26, n. 3, p. 335-352, dez. 2010. Disponível em: www.scielo.br/pdf/edur/v26n3/v26n3a17.pdf. Acesso em: 3 mar. 2023.

HARRYS, Ray; HARRYS, Chris. *Faça seu próprio jornal*. Campinas: Papirus, 1993.

HERR, Nicole. *100 fichas práticas para explorar o jornal na sala de aula*. Belo Horizonte: Dimensão, 1997.

ILARI, Rodolfo; BASSO, Renato. *O português da gente*: a língua que estudamos, a língua que falamos. 2. ed. São Paulo: Contexto, 2009.

KLEIMAN, A. Modelos de letramento e as práticas de alfabetização na escola. *In*: KLEIMAN, A. (org.). *Os significados do letramento*: uma nova perspectiva sobre a prática social da escrita. Campinas: Mercado de Letras, 1995. p. 15-16.

MARCUSCHI, Luiz Antônio. *Produção textual, análise de gêneros e compreensão*. São Paulo: Parábola, 2008.

MARCUSCHI, Luiz Antônio; XAVIER, Antônio Carlos. *Hipertexto e gêneros digitais*. Rio de Janeiro: Lucerna, 2004.

MORAN, José Manuel. *Mudar a forma de ensinar e de aprender com tecnologias*. Disponível em: http://www2.eca.usp.br/prof/moran/site/textos/tecnologias_eduacacao/uber.pdf. Acesso em: 6 mar. 2023.

RABAÇA, C. A.; BARBOSA, G. *Dicionário de comunicação*. São Paulo: Ática, 1987.

ROJO, Roxane (org.). *Escol@ conectada*: os multiletramentos e as TICs. São Paulo: Parábola, 2013.

ROJO, Roxane; MOURA, Eduardo. *Multiletramento na escola*. São Paulo: Parábola, 2012.

SCHNEUWLY, Bernard; DOLZ, Joaquim. *Gêneros orais e escritos na escola*. Trad. de Roxane Rojo e Glaís Cordeiro. Campinas: Mercado de Letras, 2004.

TORNIGHI, Alberto. O que é cultura digital. *In*: Cultura digital e escola. Boletim 10, agosto de 2010. TV Escola — Salto para o Futuro, MEC. Disponível em: http://portaldoprofessor.mec.gov.br/storage/materiais/0000015230.pdf. Acesso em: 6 mar. 2023.

ZANCHETTA Jr., Juvenal. *Para ler e fazer o jornal na sala de aula*. São Paulo: Contexto, 2002.